すぐに ▼ 役立つ

入門図解 最新
法人税のしくみと
法人税申告書の書き方

公認会計士・税理士 **武田 守** 監修

三修社

はじめに

　現在において、会計ソフトや税務申告書作成用のソフトはとても便利なものが多く、また実際の税務申告を行う場面でも電子申告（e-Taxなど）が浸透され、会計・税務のＩＴ化や電子化が行われています。そのため、必要な情報がこれらのソフトにインプットできさえすれば、決算書や税務申告書がほぼ自動的に作成することができるようになっています。

　しかし一方で、税法は毎年のように制度改正が行われており、ルールも細かく複雑化されて、各所で会計上や税務上の判断が伴うようにもなっています。これらのソフトがいかに優れたものであったとしても、必要な情報が正しくインプットされなければ、正しい決算書や税務申告書の作成が行われません。また、会計上や税務上の高度な処理が必要になればなるほど、そのアウトプットが想定どおりの数値になっているかの検証作業も必要です。そのため、会計ソフトや税務ソフトの操作方法だけでなく、税法などの正確な知識や申告書の書き方などを備えておくことが重要となります。

　本書は、法人税を中心にその計算のしくみや税務申告書の書き方などを扱った入門書です。法人税の計算を行うための前段階である企業会計や決算書などの説明も行っています。また、昨今の大きな改正である会計帳簿などの保存に関する電子帳簿保存法や、消費税のインボイス制度、その他知っておいた方が望ましい周辺的な税務知識（住民税、事業税、税務調査など）、令和５年度税制改正大綱についてもフォローしています。

　本書をご活用いただき、皆様のお役に立てていただければ監修者として幸いです。

監修者　公認会計士・税理士　武田　守

Contents

はじめに

第1章　法人税と決算書のしくみ

1 なぜ法人税のしくみを理解する必要があるのか　　　　　　　　10

2 法人税とはどんな税金なのか　　　　　　　　　　　　　　　　14
　　Q&A 法人税はどんな法令で定められていますか。また、実務を行
　　　　 う上では、何を参考にすればよいのでしょうか。　　　　　18
　　Q&A 「中小企業の会計に関する指針」とは、どんな内容なのでしょうか。　19

3 「収益」「費用」について知っておこう　　　　　　　　　　　20

4 決算書はどのように作成されているのか　　　　　　　　　　　22

5 決算書の内容を見ていこう　　　　　　　　　　　　　　　　　25

6 貸借対照表を見ていこう　　　　　　　　　　　　　　　　　　27

7 「資産」「負債」「純資産」について知っておこう　　　　　　29

8 貸借対照表の勘定科目について知っておこう　　　　　　　　　32

9 損益計算書を見ていこう　　　　　　　　　　　　　　　　　　35

10 損益計算書の勘定科目について知っておこう　　　　　　　　　39

11 税務会計と企業会計について知っておこう　　　　　　　　　　42

12 税務調整について知っておこう　　　　　　　　　　　　　　　44

　　Column　IFRSとはどんなルールなのか　　　　　　　　　　　46

第2章　法人税の基本

1 法人税と会社の利益の関係について知っておこう　　　　　　　48

2 5つの利益と儲けのしくみをつかもう　　　　　　　　　　　　51
　　Q&A 会社が物を売った場合は「売上」になると考えてよいのでしょうか。　54

3 収益・費用の計上のタイミングを知っておこう　55

　Q&A 収益や費用はどの時点で計上しますか。また、注意すべき
　　　ケースなどがあれば教えてください。　57

　Q&A 前払費用と短期前払費用の取扱いについて教えてください。　58

4 法人税の課税対象と税率について知っておこう　59

5 税額控除について知っておこう　61

6 特別償却・特別控除について知っておこう　63

7 欠損金の繰越控除について知っておこう　65

8 圧縮記帳について知っておこう　67

9 同族会社について知っておこう　69

第3章　法人税の収益・費用の中身

1 益金はどのように計算するのか　72

2 損金はどのように計算するのか　75

　Q&A 損金経理とはどのようなものなのでしょうか。　78

　Q&A 会社が支払った保険料は、法人税法上どのように取り扱われ
　　　るのでしょうか。　79

　Q&A 通勤費や海外出張費用は法人税法ではどのように取り扱われ
　　　るのでしょうか。　80

3 売上原価とはどのようなものなのか　81

4 棚卸資産（商品・在庫）の評価について知っておこう　83

5 有価証券の評価について知っておこう　85

6 受取配当等の益金不算入について知っておこう　87

7 減価償却について知っておこう　89

8 資本的支出と修繕費について知っておこう　92

9 減価償却の方法について知っておこう　94

10 耐用年数について知っておこう　100

11 リベートや広告宣伝、物流に関わる費用の取扱い　102

12 交際費になるものとならないものがある　105

13 寄附金になるものとならないものがある　108

14 研究・開発にかかる費用の取扱い　110

15 税金や賦課金などの取扱い　112

16 繰延資産について知っておこう　114

17 貸倒損失について知っておこう　116

18 引当金・準備金について知っておこう　122

19 役員報酬・賞与・退職金の処理はどのように行うのか　127

第4章　法人税の申告と申告書の作成

1 決算とはどのようなものなのか　130

2 決算整理について知っておこう　132

3 法人税の申告書を作成する　137

4 必ず作成する別表について知っておこう　139

5 別表二を作成する　142

6 別表一を作成する　144

7 別表四・別表五（一）を作成する　146

8 別表五（二）を作成する　148

9 その他の別表を作成するケース　149

書式	法人税申告書 別表一	154
書式	別表一 次葉	155
書式	別表二	156
書式	別表四（簡易様式）	157
書式	別表五（一）	158
書式	別表五（二）	159
書式	別表六（一）	160
書式	別表十五	161
書式	別表十六（二）	162
書式	別表七（一）	163
書式	別表十一（一）	164
書式	別表三（一）	165
書式	事業年度分の適用額明細書	166

10 申告手続きについて知っておこう　167

11 青色申告をするための手続きについて知っておこう　170
　　書式　青色申告承認申請書　172

12 法人住民税について知っておこう　173

13 法人事業税について知っておこう　176
　　書式　事業税・都民税確定申告書　179

14 法人設立時に必要な税金関係の届出について知っておこう　180

15 解散・清算の際の税務申告はどうする　184

Column　青色申告法人の帳簿書類の保存期間　186

第5章　法人税と関わるその他の知識

1 決算や法人税申告のための経理の役割　188

2 会計帳簿について知っておこう　191

3 消費税とはどのような税金なのか 196

4 課税取引・非課税取引・不課税取引について知っておこう 198

5 納税事業者や課税期間について知っておこう 202

6 原則課税方式による消費税額の算定方法 206

7 インボイス制度について知っておこう 213

8 簡易課税制度はどんなしくみになっているのか 219

9 税込経理方式と税抜経理方式の違いについて知っておこう 222

10 消費税の申告・納付について知っておこう 224

11 税務調査について知っておこう 228

12 税務調査の時期・調査内容について知っておこう 231
　　Q&A 赤字会社は調査されないのでしょうか。 234

13 事前準備や調査官のチェック内容について知っておこう 235

14 調査方法について知っておこう 239

15 調査の実施について知っておこう 241

16 修正申告について知っておこう 243

第1章

法人税と決算書のしくみ

1 なぜ法人税のしくみを理解する必要があるのか

法人税のことを知らずに会社を経営することはできない

法人税のことを知っておくとこんなメリットがある

　法人税と聞くと、ちょっと難しいイメージを持つ人がいるかもしれません。しかし、きちんと法人税のことを理解しておけば、事業を行っていく際に適切な行動を選択できます。その結果、会社のキャッシュ・フロー（資金収支）の面でいろんなメリットを享受できる可能性があるのです。では、そのうちのいくつかのメリットをご紹介しましょう。

①　前年に支払った法人税を還付できる

　前年に利益が出たために法人税を支払ったものの、次の年に赤字になった場合、前年に支払った法人税を取り戻すことができるという制度があります（青色欠損金の繰戻還付）。この制度が利用できるのは②資本金1億円以下の一定の中小企業等です。またその他にも、⑥赤字の年の青色申告書を期限内に提出していること、⑥連続して青色申告書を提出していること、⑥還付請求書を提出していること、などの要件を満たす必要があります。制度の内容を理解し、適切な行動を取らなければ、還付できたはずの法人税も取り戻すことはできなくなってしまいます。

②　税金面で有利になる時期に会社を設立できる

　個人事業者として事業活動を始め、いつかは会社を設立しようと考えることもあります。では、どのタイミングで会社を設立すればよいのでしょうか。会社を設立すれば、取引の面でも信用を得やすくなるというメリットがありますが、税金面でも変わってくる点があります。この点をふまえて、会社を設立するタイミングを検討するとよいでしょう。個人事業者と異なり、会社の場合は、税金計算の利益から控除で

きる繰越欠損金の繰越期間が長くなったり、生命保険料の一部が経費扱いになるなどの有利な面があります。一方で、赤字であっても毎期7万円程度支払わなければならない住民税の均等割という制度もあります。税金面での法人のメリット、デメリットを理解しておけば、より税金面で有利なタイミングで会社を設立することができるでしょう。

③ 法人税の申告にあたって有利な選択ができる

法人税の申告をする際、たとえばある支出が発生した場合、それを支出時の経費とするか、その後何年かにわたって経費としていくかなど、経理処理などに関する選択が必要になる場面が出てきます。一度選択した方法は、基本的に毎期変更することはできません。それらの方法の内容をよく理解していれば、会社にとって有利になる方法を選択して法人税を申告することができます。

┃法人税を理解していないとこんなデメリットがある

法人税を理解していれば会社にとってメリットがあるということを述べてきましたが、逆に法人税のことを理解していなかったばかりに不利益を被ってしまうこともあります。具体的にどんなデメリットがあるのか見ていきましょう。

① 法人税を考慮しない計画は融資の際に不利となる

新規事業への投資のために資金が必要な場合など、自社の資金でまかなえないときは銀行に融資を申し込むことになります。その際、銀行に事業計画を提出することになりますが、銀行は事業が計画通りに進められるかだけではなく、法人税を支払えるかという点も見ています。その上で、融資額を返済する能力がその会社にあるかを厳しくチェックしているのです。そのため、法人税の支払いを無視した資金計画を提出しても、銀行は融資をしてくれません。

② 黒字倒産のリスクがある

黒字となっている限り、会社は法人税を納付しなければいけません。

しかも、法人住民税、法人事業税と合わせて約30％という割合を納付しなければならないのです。そのため、取引先からの入金が予定よりも遅れてしまったり、借入金を早めに返済した場合には、法人税の支払いのせいで資金繰りが大変厳しくなることがあります。もちろん法人税の金額は、借入金の返済などといった事情を考慮して安くしてもらえるものではありません。ここで、新たな借入ができなかった場合は、黒字倒産の危機に陥ってしまうこともあります。

　また、在庫を増やしすぎてしまった時も、仕入代金の支払いにお金が多く出て行ってしまうため、法人税を支払う資金が不足してしまうことがあります。

　このようなことから、法人税の支払いのこともきちんと考慮して、在庫管理や借入金の返済スケジュールなどを組んでおく必要があるのです。

法人税を正しく理解し、節税対策をする

　法人税を正しく理解していれば、会社に合った節税対策を実行でき、よけいな税金を支払わなくてすみます。節税対策には大きく分けて、①お金の支払いを伴う節税対策と、②お金の支払いを伴わない節税対策があります。

　お金の支払いを伴う節税対策として、たとえば飲食等にかかる交際費を１人当たり5,000円以下となるように支払う場合があります。一定の中小企業等を除き基本的に交際費は税務上経費（損金）扱いにはならないのですが、１人当たり5,000円以下での飲食等の支出であれば経費として扱うことができます。その他、１年以内に発生する一定の条件を満たした費用を前払いにすること（支払った時期の経費として扱うことが認められている）なども、お金の支払いを伴う節税対策です。一方で、これらの節税対策を実行することは、その分だけお金が出ていくことにもつながります。そのため、現在の資金繰りに余裕

のない会社にとっては、ますます資金繰りが苦しくなる結果になることもあります。

　では、資金繰りに余裕のない会社は節税対策をとることはできないのでしょうか。節税対策の中にも、お金の支払いを伴わないものがあります。たとえば、毎期費用を計上していく減価償却について、より節税となるような方法を選択することが挙げられます。資本金１億円以下の中小企業であれば、30万円未満で取得した固定資産を一括で費用に計上することができます。これにより、もともとの支出額を変えずに、固定資産を購入した年度の節税をすることができます。同じく減価償却方法に関する節税対策としては、特別償却（63ページ）をすることにより、より多くの減価償却費を前倒しで計上できる場合もあります。

　この他、お金の支払いを伴わない節税対策としては、一定の中小法人等で計上が認められる貸倒引当金（123ページ）や発生主義に基づく未払費用（たとえば保険料を翌期に一括で年払いするものの、契約上は今期からであるというように、正しい利益を計算するために費用を見越し計上するもの）を計上することや、税額控除を活用することなどがあります。これらは、決算の処理でできる節税対策ですので、ぜひ活用していきたい方法です。

■ 法人税を理解するメリットと理解しないデメリット …………

法人税：会社などの法人が、事業年度中に稼いだ利益に対して
　　　　課税される国税

法人税を理解する	→	・税金の還付のための適切な行動をとることができる ・設立や申告において適切な時期や方法を選択できる ・会社に合った節税対策を実行できる
法人税を理解しない	→	・融資を受けにくくなる可能性がある ・黒字倒産のリスクをもたらす

2 法人税とはどんな税金なのか

法人にかかる税金である

❙ どのような税金なのか

　法人税とは、株式会社などの法人が、事業年度（通常は1年間）中に稼いだ利益（所得）に対して課される国税です。つまり、法人の利益（所得）を基準として法人に課される税金であり、広い意味での所得税の一種です。

　個人の所得に対して課される税金を所得税というのに対し、法人の利益（所得）に対して課される税金を法人税というわけです。

❙ 法人にもいろいろある

　法人とは、法律で人格を与えられた存在です。法律が定める範囲内で1人の人間のように扱われ、会社名で契約をしたり、預金や借入ができるように、権利・義務の主体となることができます。

　法人税法上の法人は、内国法人（日本に本店等がある法人）と外国法人（外国に本店等がある法人）に大きく分けられます。内国法人は、ⓐ公共法人、ⓑ公益法人等、ⓒ協同組合等、ⓓ人格のない社団等、ⓔ普通法人の5つに分類されます。外国法人は、ⓕ普通法人、ⓖ人格のない社団等の2つに分類されます。株式会社や合同会社は普通法人に分類されます。

❙ 利益も所得も内容的には同じ

　法人税は、株式会社など法人の利益にかかる税金です。「利益」は収益から費用を差し引いて求めます。正しくは、この「利益」に一定の調整を加えて、法人税の課税対象となる「所得」を求め、この「所

得」に法人税が課税されることになっています。正確な課税所得の計算方法については後述することとし（43ページ）、ここでは、法人税は「利益」に対して課税されるということにしておきます。したがって、欠損会社（赤字会社）には法人税はかかりません。

　地方税である法人住民税には、法人税を課税のベースにする法人税割という部分があります。欠損会社の場合、この法人税割は課税されませんが、均等割と呼ばれる定額部分が課税されます。これは、利益が黒字か赤字か関係なく毎年発生します。定額部分は、資本金と従業員数によって金額が異なります。東京都の場合、資本金1,000万円以下で従業員が50人以下の法人では年間7万円となっています。

　また、事業税も、外形標準課税の対象とならない資本金1億円以下の法人であれば、欠損会社には課税されません。

　なお、法人はその種類によって、ⓐ納税義務の有無、ⓑ課税対象となる所得の範囲、ⓒ課税時の税率が異なります。内国法人・外国法人の主な内容をまとめると、以下のようになります。

① 公共法人（地方公共団体、日本放送協会など）の場合は、納税義務がありません。

② 公益法人等（宗教法人、学校法人など）の場合は、所得のうち収益事業から生じる所得に対してのみ法人税がかかります。また、低税率での課税となります。

③ 協同組合等（農業協同組合、信用金庫など）は、すべての所得に対して共同組合等に適用される税率で法人税がかかります。

④ 人格のない社団等（ＰＴＡ、同窓会など）は、所得のうち収益事業から生じる所得に対してのみ法人税がかかります。

⑤ 普通法人（株式会社など）の場合は、すべての所得に対して普通税率での課税となります。

法人税は会社の「利益」にかかる

法人税の概要について見ていきましょう。

① **納税義務者**

法人税は法人が納税義務者です。法人は、法律によって法人格を与えられ、社会的に「人格」をもつ存在です。1人の人間のように扱われ、会社名で契約をしたり、預金や借入ができるように、法律が定めた範囲内で権利・義務の主体になることができます。むしろ、取引額は個人より法人の方が大きいため、通常は納める税金も多くなります。

また、法人を取り巻く利害関係者は、一般消費者や投資家にとどまらず、社会全体であるともいえます。程度の大小はあっても、社会全体に影響を及ぼしうる法人には、社会的責任が伴います。法人が得た利益から一定の税金を徴収し、徴収した税金が国や地域の社会生活に還元されるという一連の役割を担ってこそ、法人は社会的責任を果たすという意味もあります。

② **課税の基準となるもの**

課税の基準となるものを「課税標準」と呼びます。法人税の課税標準は会社の「利益」です。「利益」は収益マイナス費用として計算されます。正確には、この会社の「利益」に一定の調整をした「課税所得」が法人税の課税標準となります。

③ **税額計算の対象期間**

法人税では、会社法の規定により定款で定めた1年以下の期間である「事業年度」が計算の対象期間になります。この事業年度の利益を基に計算された課税所得に対して法人税が課され、事業年度終了の日の翌日から2か月以内に確定申告書を提出することになります。

④ **課税方法と税率**

法人税では、法人の事業活動から生じた利益を集計し、その利益に税率を乗ずることで税金を計算します。また、様々な税額控除の制度が用意されています。税額控除とは、利益をもとに計算された税金に対し、

一定の金額を直接差し引くことができるというものです。配当に対して所得税が課された場合や外国所得に対して外国の税金が課された場合など一定の場合に税額控除を適用することができます。税額控除の中には、継続雇用者に対する給与等支給額を引き上げた場合に適用される控除（賃上げ促進税制）のように、政策的かつ時限的に設けられた制度もあります。税率も、所得税のような超過累進税率ではなく、一定税率になっており、法人の種類や資本金の規模によって決まっています。

⑤　申告と納付

　法人税は、納税義務者である法人が自ら計算を行い、申告と納税を行います。法人は、株式会社の場合、企業会計原則や各種の会計基準に基づいて決算を行い、貸借対照表や損益計算書などの決算書を作成して、株主総会において承認を受けることになります。この損益計算書に記載されている当期純利益をもとに、法人税の課税標準となる所得金額と法人税額を計算して、法人税の申告書等を作成します。

　法人税の申告書の提出期限は、事業年度終了の日の翌日から２か月以内となっています。納税も事業年度終了の日の翌日から２か月以内に行わなければなりません。

■ 法人税法上の法人

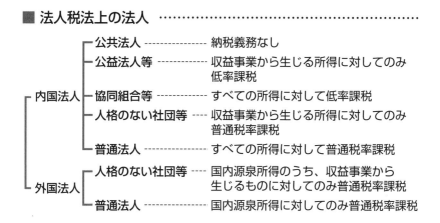

内国法人
- 公共法人 -------------- 納税義務なし
- 公益法人等 ----------- 収益事業から生じる所得に対してのみ低率課税
- 協同組合等 ----------- すべての所得に対して低率課税
- 人格のない社団等 ---- 収益事業から生じる所得に対してのみ普通税率課税
- 普通法人 -------------- すべての所得に対して普通税率課税

外国法人
- 人格のない社団等 ---- 国内源泉所得のうち、収益事業から生じるものに対してのみ普通税率課税
- 普通法人 -------------- 国内源泉所得に対してのみ普通税率課税

Q 法人税はどんな法令で定められていますか。また、実務を行う上では、何を参考にすればよいのでしょうか。

A 法人税に関する規則は、いくつかの法令で成り立っています。最も中心的な存在は、法人税法です。法人税の納税義務者、課税される所得の範囲、課税される期間、場所など、基本的な事柄は、法人税法に定められています。さらに、法人税法の各規程の詳細な事項については、法人税法施行令で、手続きに関する内容については法人税法施行規則で定められています。税金の納付方法など、すべての税法に共通する事項については国税通則法で定められています。

　たとえば中小企業支援、雇用対策など、一定の政策方針に基づいて、一部の法人にのみ特別に減税などの措置がとられる場合があります。このような特例については、租税特別措置法により、期間を限定して定められます。租税特別措置法に関するさらに詳細な内容については「租税特別措置法施行令」、手続関係については「租税特別措置法施行規則」で、それぞれ定められています。

　法人税法など税法の条文は、難解で予備知識が必要な税法用語が多数使われており、大変読みづらいものとなっています。そこで、法令ではありませんが、国税庁が具体的な事例とその処理方法について示した通達があります。通達は、税務署の職員が法令等を解釈するための方針であり、実務に即した形で、細かい内容が記載されています。この他にも、国税庁のホームページで公開されているタックスアンサーでは、よくある質問とその回答について、項目ごとに整理されています。通達やタックスアンサーには、特に判断に迷うような、誤りやすい事例について記載されており、実務を行う上では、大変参考になります。ただし前提として、法人税に関するごく基本的な知識については、身につけておく必要があります。

「中小企業の会計に関する指針」とは、どんな内容なのでしょうか。

　　　中小企業の会計に関する指針とは、中小企業が決算書を作成するに際して基準とすることが望ましいとされる会計ルールです。日本税理士会連合会、日本公認会計士協会、日本商工会議所、企業会計基準委員会の民間４団体が、中小企業にとって適切な会計ルールでありながら、過度な負担とならないようなものとして「中小企業の会計に関する指針」を作成し、公表しています。

　上場しているような大企業などは、企業会計原則を始めとした各種の会計基準や財務諸表等規則といった決算書作成方法を厳密に定めたルールに従って決算書を作成しています。このような企業は株主や債権者など多くの利害関係者がいるため、誰にでもわかるような決算書を作成する必要があります。

　一方、中小企業の場合は大企業ほど利害関係者が多いわけではなく、決算書を見るのは基本的に経営者や税務署といった限られた人だけです。それでも、資金調達や業務を拡大していく過程で、金融機関や取引先が決算書を見ることがあります。このような理由から、中小企業においても、経営にあたっては第三者から見てわかりやすい決算書を作成する必要があると考えられています。このニーズを満たすルールとして、「中小企業の会計に関する指針」があります。

　「中小企業の会計に関する指針」が決算書作成に適切に適用されているかを確認するための書類として、日本税理士会連合会が作成した「中小企業の会計に関する指針の適用に関するチェックリスト」があります。このチェックリストを使用することで、「中小企業の会計に関する指針」に従った計上方法や注記方法等になっているかを勘定科目ごとに確認することができます。

「収益」「費用」について知っておこう

会社の規模と成績が明らかになる

収益とは

収益とは、会社が事業から得た収入のことで、利益の源ともいえます。収益の中心的な存在は売上です。売上は、商品の販売やサービスを提供することで稼いだお金です。売上を上げることは、その会社が本業として行っている事業活動そのものです。まずは活動のメインである本業で収益を増やしていくことが、会社にとって最も重要なことだといえます。

収益には、売上以外の経済活動から得た収入も含まれます。たとえばお金を貸した場合の利息や、設備などを売却した場合の売却収入、保険金収入などです。このように、会社の増益に貢献するものは、すべて収益に含まれます。

ところで、収入はすべて収益になるのかといいますと、実はそうではありません。収入とはお金が入ってくることをいいますが、お金が入ってくる場合には、他にも資産である「債権」が現金化した場合や、負債である借入による収入も考えられるからです。収入を分類する場合、まずは何が原因で受け取った入金なのかを確認する必要があります。

収入を収益とそれ以外のものに分類することにより、収益として取引した全体の金額が明らかになります。取引量が多いほど、収益の金額も大きくなりますので、収益の総量を金額で把握することにより、その会社の事業的規模を知ることができます。

費用とは

会社が事業活動を行っていくためには、たとえば販売する商品の仕

入や、従業員に支払う給料など、ある程度お金を使って環境を整える必要があります。このように収入を得るために使ったお金のことを費用といいます。

　ではどのようなものが費用になるのか、具体的に見ていきましょう。たとえば商品の製造費用や仕入金額など本業のために使った金額や、電車代や電話代などの経費です。また、事業に直接的に関係のないものでも、経営していく上で必要な支出であれば費用に含まれます。たとえば借入金の利息や税金、取引先との飲食代なども費用となります。

　これらの費用を大きく1つの分類とすることで、収益から費用を差し引いた利益の額を計算することができます。また、収益と費用を比較することで、効率よく稼いでいるかどうかが明らかになります。基本的に、会社は利益を増やすために活動していると言っても過言ではありません。収益に対する費用の割合が多ければ、利益があまり出ておらず、残念ながら使った経費の効果が結果に反映されていないということです。このように、収益と費用から、会社の事業活動の成績が明らかになるというわけです。

　なお、収入を得るために使ったお金は、実は他のカテゴリーに分類される場合もあります。それは資産です。資産と費用の違いは、使ったお金が形に残るものになるかどうかという点にあります。建物や機械など、形に残るものは資産です。たとえば仕入れた商品も、売れ残って倉庫に置かれている段階では、棚卸資産という資産になります。

　判断が難しいのは文房具などの少額の消耗品ですが、簡単に説明すると、金額が少額なものや短期間で消費してしまうものに関しては費用の取扱いになります。

4 決算書はどのように作成されているのか

経理ができなくても会計はわかる

決算と経理の関係

　法人税申告書には、確定した事業年度の決算についての決算書を添付します。決算とは、一定期間に会社が行った取引を整理し、会社の経営成績及び財政状態を明らかにするための手続のことです。決算を行うためには、その前提となる経理業務が必要になります。

　経理とは、会社の行った取引を記録することです。経理の目的は、会社の儲けや財産の状況を把握することにあります。それにより、経営者や管理者は会社の経営状態を知り、今後の経営戦略を決定します。また、経理業務を通じて作成した情報は株主その他の関係者に報告する必要があります。そのための報告書が決算書です。

　複式簿記では、1つひとつのお金の動きを、仕訳と呼ばれる形式でもれなく記録していきます。このときに経理担当者が内容を判断して、売上、備品、交際費など内容を示す項目名（勘定科目）をつけて仕訳をしていきます。仕訳された後は、元帳や試算表といった各種帳票として社内で決められた方法で整理されます。このように、複式簿記の技術を用いてお金の動きを伝票や帳簿類に記録、整理することが経理の仕事です。一方、決算書を読めるようになるために必要なのは会計の知識です。会計とは、経理により整理された会社の状況を、会社外部の人が見てもわかるような形にするための一定のルールです。

　なお、決算書作成の過程を経理、これを決算書にしていくことを会計と呼ぶ場合や、会計を含むすべてを経理と呼ぶ場合があり、経理と会計の違いについては実はいくつかの立場があるようです。

決算書類の構成

　仕訳は簿記のスタートです。簿記は決算が最終目的です。では、仕訳はどのように決算に結びついていくのでしょうか。

　決算書類の貸借対照表や損益計算書は、「資産」「負債」「純資産」「収益」「費用」の５つの要素によって構成されています。

　まず貸借対照表は、「資産」「負債」「純資産」で構成され、「資産」＝「負債＋純資産」という関係にあります。一方、損益計算書は、「収益」「費用」で構成され、「費用（＋利益)」＝「収益」という関係にあります。

　すべての取引は、２つ以上の勘定科目を使って借方（左側）と貸方（右側）に仕訳しなければなりません。勘定科目は、「資産」「負債」「純資産」「収益」「費用」の５つの要素のどれかに仕訳されます。

■ 経理と会計の違い

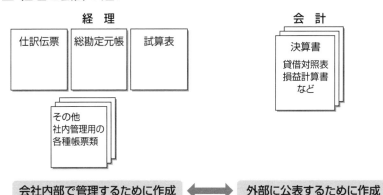

※上図は、お金の動きを伝票や帳簿類に記録・整理することを「経理」とし、経理により整理された会社の状況を会社外部の人が見てもわかるような形にするための一定のルールを「会計」とする立場に基づいて作成したもの

事業年度ごとに損益を判断する

　会社は将来にわたって事業活動を続けることを前提に運営されています。こうした考え方を継続企業の前提（ゴーイング・コンサーン）と呼んでいます。つまり、会社は基本的に継続企業と考えられます。そのため、会社がトータルで儲かったのか、損をしたのかは、最終的に会社が事業をやめるまで、つまり解散するまでわからないわけです。

　ただ、これでは、会社の利害関係者は、半永久的に会社の財政状態や経営成績の情報を入手できません。経営者も、会社の経営が順調なのか危険な状態なのかわかりませんし、一般投資家も、儲かっている会社なのか損を出している会社なのかわからないため、投資の判断ができません。税金を徴収する税務当局も、会社が事業をやめるまで待っていると、その間の税収がなく、国家財政が破たんしてしまいます。

　このような弊害があるため、一定の期間を人為的に区切って、その期間の会社の損益がいくらになったのかがわかるようにしています。

　この一定の期間を会計期間または事業年度といい、通常その期間は１年ごとに区切られています。

　なお、会社の設立から解散までの存続期間全体を１つの会計期間とみなして損益を計算する「全体損益計算」も理論的には考えられます。

■ 代表的な勘定科目 ……………………………………………

資　産	現金、当座預金、普通預金、受取手形、売掛金、建物、土地
負　債	支払手形、買掛金、預り金
純資産	資本金、資本剰余金、利益剰余金
費　用	売上原価、給料、支払利息
収　益	売上、受取利息、受取手数料

決算書の内容を見ていこう

会社の１年間の経営活動の成績表である

決算書とは何か

　決算書とは、一連の決算作業の結果作成された、会社の一定期間の経営成績や財政状態をまとめたものです。

　決算書と一口にいいますが、この決算書は適用される法律に応じていくつかの必要書類によって構成されています。たとえば会社法では、計算書類として、貸借対照表・損益計算書・株主資本等変動計算書・個別注記表を定めています。

　また、金融商品取引法では、「財務諸表等規則」に財務諸表として、貸借対照表・損益計算書・株主資本等変動計算書・キャッシュ・フロー計算書を定めています。

　以下、決算書の各書類の概要について見ていきましょう。

① **貸借対照表**

　資産、負債、資本を表示する報告書であり、企業の一定時点における財政状態を明らかにするものです。会社法に準拠した貸借対照表では、資本の区分は「純資産の部」と呼ばれ、「株主資本」「評価・換算差額等」「新株予約権」の３区分表示となっています。

② **損益計算書**

　一会計期間（通常は１年間）における企業の経営成績を明らかにするために作成される書類で、一会計期間の儲けである利益を収益と費用の差額として表わしたものです。会社法に準拠した損益計算書では、「売上高」「売上原価」「販売費及び一般管理費」「営業外収益」「営業外費用」「特別利益」「特別損失」の７区分の収益・費用を加減算し、「当期純利益」に至るまでの各段階損益を表示します。

③　株主資本等変動計算書

　剰余金の配当、当期純利益の計上、資本項目間の振替（たとえば、剰余金から準備金への組入れのように資本金・準備金・剰余金相互間で計数を変動させること）などによる「純資産の部」の動きを明らかにする計算書です。資本金、資本準備金、繰越利益剰余金といった「純資産の部」の項目ごと、また変動事由ごとに変動額が示されます。

　なお、株主資本以外の項目（その他有価証券評価差額金等）に関しては、変動額は変動事由ごとではなく、純額で表示されます。

④　個別注記表

　各計算書類の注記をまとめて掲載する書類です。作成すべき注記表は、会計監査人設置会社かどうか、公開会社かどうか、有価証券報告書の提出義務があるかどうかにより異なります。なお、独立した1つの表にする必要はなく、脚注方式で記載することもできます。

⑤　キャッシュ・フロー計算書

　企業の一会計期間におけるキャッシュ（現金及び現金同等物）の収支を報告するために作成される計算書です。いくら売上を上げても、その代金がキャッシュとして回収されなければ資金繰りが苦しくなり、最悪の場合には倒産に至ります。キャッシュ・フロー計算書を作成することで、会社の資金の流れを明らかにすることができるのです。

■ **決算書とは** ……………………………………………………

会社法（計算書類等）	金融商品取引法（財務諸表）
貸借対照表	貸借対照表
損益計算書	損益計算書
株主資本等変動計算書	株主資本等変動計算書
個別注記表	キャッシュ・フロー計算書
附属明細書	附属明細表

貸借対照表を見ていこう

左側に資産の運用形態、右側に資金源が表示されている

貸借対照表は一定時点の財政状態を表示する

　貸借対照表は企業の財政状態を表わした表です。財政状態は月末や決算日など一定時点の状態を表わしたものです。

　決算書を「読める」ようになるための第1段階として、決算書自体に慣れるところから始めてみましょう。ここでは、貸借対照表の様式と内容を確認していきます。

① 　タイトル・日付

　貸借対照表というタイトルを一番上に表記し、次に、いつ時点の財政状態を表わしているかを明らかにします。たとえば「令和4年3月31日現在」というように表記します。

② 　「資産の部」「負債の部」「純資産の部」

　貸借対照表は、「資産の部」「負債の部」「純資産の部」の3つの部分で構成されています。

　資産、負債、純資産のそれぞれ一番下の部分に「資産合計」「負債合計」「純資産合計」といった具合に合計額が表示されています。この合計額から見ていくと、その会社の全般的な特徴が見えてくることがあります。たとえば、資産合計5億円、負債合計1億円、純資産合計4億円の会社があれば、「この会社は、全部で5億円分の何らかの資産を持っている」ということは貸借対照表を見ればすぐにわかると思います。また、「負債が1億に対して純資産が4億円ということは、借金より自己資本の方が多い会社である」など会社の大まかな特徴が見えてくるはずです。

「資産の部」「負債の部」「純資産の部」とは

　左が資産、右上が負債、右下が純資産というように貸借対照表の様式を頭に入れておきましょう。このうち、左側の「資産の部」は会社が調達した資金の使い途を表わしています。「資産の部」の合計は「総資産」とも呼ばれます。これに対して、右側の「負債の部」と「純資産の部」は資金をどこから調達したかを表わしています。つまり、企業活動を行うための資金を金融機関など債権者から調達した部分（負債）と株式の発行などにより調達した部分（純資産）に分けて表示しているのです。そして、「資産の部」の合計額は、「負債の部」と「純資産の部」を加えた合計額と常に等しくなります。貸借対照表は、英語でBalance Sheet（バランスシート）あるいはB/S（ビーエス）とも呼ばれています。

■ 貸借対照表の構成と記載内容 ……………………………………

貸借対照表
令和４年３月31日現在　　　　　　（単位:円）

資産の部	負債の部
Ⅰ　流動資産	Ⅰ　流動負債
流動資産合計	流動負債合計
Ⅱ　固定資産	Ⅱ　固定負債
１　有形固定資産	固定負債合計
有形固定資産合計	負債合計
２　無形固定資産	純資産の部
無形固定資産合計	Ⅰ　株主資本
３　投資その他の資産	１　資本金
投資その他の資産合計	２　資本剰余金
固定資産合計	資本剰余金合計
Ⅲ　繰延資産	３　利益剰余金
繰延資産合計	利益剰余金合計
	株主資本合計
	Ⅱ　評価・換算差額等
	その他有価証券評価差額金
	評価・換算差額等合計
	Ⅲ　新株予約権
	純資産合計
資産合計	負債・純資産合計

「資産」「負債」「純資産」について知っておこう

会社の支払能力や価値が明らかになる

資産とは

　会社が保有する財産のことを資産といいます。一般的に財産と言えば、現金や預金の他、不動産や株式、絵画などというような、いわゆる金銭的価値の高いものをイメージするかもしれませんが、資産にはこれらの他に、将来お金を受け取る「権利」のような目に見えない財産も含まれます。国際財務報告基準（IFRS）（46ページ）では、資産を将来キャッシュ・イン・フローの現在価値と定義しています。つまり、会社の有するものを現金的価値に換算し、可視化したものです。それにより、その会社の規模や支払能力、経済的体力などを明らかにしているというわけです。一言で現金的価値に換算するといっても、その方法は幾通りも存在するのですが、一般的には資産を手に入れた時の価格を用います。ではどのようなものが資産となるのか、以下でもう少し掘り下げてみましょう。

　会社が資産を取得するのは、取引先から事業活動の過程において外部から受け取る場合と、会社が自ら購入したり製作して取得する場合があります。

　事業活動の過程で受け取る場合とは、たとえば商品を販売した得意先から受け取った代金などです。販売時に代金を受けとる場合もありますが、頻繁に取引をする相手であれば、1か月分をまとめて請求して、支払いを受けるのが一般的です。請求をしてからお金を受け取るまでの間、得意先からお金を受け取る権利が発生することになります。この権利は売掛金という名称の資産となります。

　このように、将来お金を受け取る権利のことを債権といいます。売

掛金以外の債権としては、取引先などへの貸付金などがあります。

　会社が自ら取得する資産とは、たとえば事務所用のビルや機械、設備などです。これらを、購入した時は資産として記録されることになります。つまり、資産の内容を見れば、会社のお金の使い途も明らかになります。

　資産にはその性質によってすぐに換金できるものと、なかなか換金できないものとがあります。換金が容易であるということを「流動性が高い」といいます。貸借対照表において資産の内容は、一般的には流動性の高いものから順番に並べるのがルールとなっています。

▌負債とは

　負債とは、わかりやすくいうと借金のことです。銀行からの借入などのようないわゆる借金の他に、たとえば請求書の支払いや、従業員への給与、税金の未払いなど、将来お金を払う義務のあるものすべてが負債となります。負債を1つのグループとしてまとめておくことで、会社が負っている経済的負担を総額で知ることができます。

　負債には、お金を支払うべき相手が存在します。つまり相手との約束が存在しているということなので、負債の金額には、たとえば「借用書」や「請求書」「契約書」などのような客観的な裏付けがあるのが特徴です。なお、このような将来相手にお金を支払う義務のことを債務といいます。要するに、負債のほとんどは「債務」ということになりますが、例外もあります。それは、将来発生するかもしれない経済的負担に備えてあらかじめ負債をして計上しておくという場合です。たとえば賞与や退職金は金額も大きく会社の経営に影響を及ぼす可能性があることから、将来支払見込分を負債に計上します。このような、将来の負債をあらかじめ計上したものを引当金といいます。

　国際財務報告基準（IFRS）（46ページ）では、負債を「将来キャッシュ・アウト・フローの現在価値」と定義しています。

純資産とは

資産や負債とは異なり、純資産には実態がありません。そのため資産、負債と比べると少しイメージし難いかもしれません。純資産とは、資産から負債を差し引いた単なる差額です。

なぜ差額を1つの分類とする必要があるのかと言うと、純資産は会社の価値を表わす1つの重要な要素であるためです。仮に会社の保有する資産をすべて換金し、かつ、負債を清算したとして手元に残る金額、つまり会社自身で自由に処分できる正味の財産、それが純資産です。

純資産は、大きく分けて主に2つの財源から成り立っています。会社を設立した時に資本金として株主から出資を受けたお金と、事業によって儲けた利益です。

まず資本金ですが、これは事業を始めるための準備資金として株主が会社に渡したお金です。この資本金には返済義務はありません。

また、会社が資本金を元手に行った事業で利益が出た場合、その利益は資本金と同じ純資産の一部として蓄積されることになります。つまり黒字経営が続くと、純資産も増加していくというわけです。

株式会社の場合、会社が稼いだ利益の一部は、配当として株主にも分配されます。株主側が出資を行うメリットとしては、会社が大きく成長すると、配当収入が期待できるというところにあります。

■ 資産・負債・純資産について ……………………………………

貸借対照表

会社が有する財産のこと。将来お金を受け取る権利も含まれる。
例：売掛金、貸付金、建物

資産
1,000

負債
600

将来お金を払う義務のあるものすべて。
例：借入金、買掛金、引当金

純資産
400

合計　1,000　　合計　1,000

資産から負債を差し引いた差額。会社の価値を表す1つの重要な要素である。

貸借対照表の勘定科目について知っておこう

取引ごとに名称をつけてお金の使い途を明確にする

勘定科目で内容がわかる

　次に、５つの大きな決算書項目の中に設定する「取引や事象のラベル」とでもいうべき勘定科目について見ていきましょう。勘定科目とは、簡単に言うと資産、負債、純資産、収益、費用の５つのカテゴリーに分類された決算書項目のさらに内訳ということになります。１つひとつの取引ごとに、その内容がわかるような名称をつけて、会社が何にお金を使ったのかを外部の人が見ても明確になるように示します。勘定科目は、会社計算規則などの法律や商慣習で主な名称が決まっていますが、自社の業態に応じて自由に設定することもできます。通常は会計ソフトの勘定科目の中から適したものを選択します。

貸借対照表の勘定科目

　まず貸借対照表の勘定科目について見ていきましょう。貸借対照表は、企業が事業活動を営むにあたってどれだけの資金を集め、そしてその資金をどのような事業活動に投資し、運用しているのかを示す表形式の書類です。

　貸借対照表は、28ページ図のように左右に２列に分かれて表されます。この貸借対照表の右側と左側の金額は必ず一致します。

　借方（左側）は資産の部で、資金の使い途を表します。貸方（右側）は負債および純資産の部で、資金の調達方法を表します。貸方のうち、右上が負債、右下が純資産となります。負債は融資や掛け仕入により生じた資金で、将来返済の義務があります。一方、純資産は投資家からの出資や事業活動で得た資金で、返済義務のないものです。

資産・負債・純資産の主な勘定科目には以下のものがあります。

・資産の「勘定科目」

　主な勘定科目としては、現金、当座預金、普通預金など資金の保有形態を表わすものや、受取手形（商品やサービスの代金を一定の期日に受け取ることを約した有価証券）、売掛金などの売上債権、未収入金（売上などの営業取引以外で発生した債権）、貸付金（貸付による債権）、商品（在庫）などが挙げられます。また、事業のために購入した土地、建物、車両運搬具（営業車やトラックなど）、備品（事務用の机、電話機、PCなど）、機械などの固定資産もあります。

　なお、子会社株式、有価証券、出資金などの、投資に分類される勘定科目もあります。

・負債の「勘定科目」

　主な負債の勘定科目としては、支払手形（商品やサービスの代金を一定の期日に支払うことを約した有価証券）や買掛金（仕入など営業取引により発生した債務）などの仕入債務、借入金、未払金（仕入などの営業取引以外で発生した債務）、預り金（他者から一時的に受け取った資金で、後に支払が生じるもの）などが挙げられます。

■ 貸借対照表は会社の財政状態を表わす ……………………………

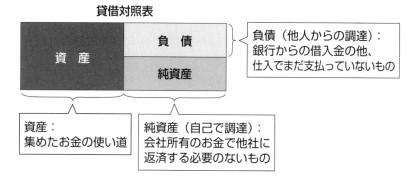

貸借対照表

負債（他人からの調達）：
銀行からの借入金の他、
仕入でまだ支払っていないもの

資産：
集めたお金の使い道

純資産（自己で調達）：
会社所有のお金で他社に
返済する必要のないもの

・純資産の「勘定科目」

　株主からの出資を表わす勘定科目として、資本金、資本剰余金など
があります。過去に会社が稼いだ利益は利益剰余金という勘定科目で
表わします。また、少し特殊な例になりますが、会社の株式を自ら買
い戻した場合、自己株式という勘定科目を用いて純資産のマイナス項
目として表示することになっています。

■ 資産・負債・純資産の勘定科目とその内容 ……………………

資産の一般的な勘定科目	
現金	通貨、通貨代用証券
預金	預金、貯金（郵便局）
受取手形	通常の営業取引により受け入れた手形
売掛金	商品、製品、半製品などの未収の販売代金・請負工事の未収代金など
商品	販売目的で外部から仕入れた物品など
短期貸付金	得意先、仕入先、関係会社、従業員などに対する貸付金で、決算日後1年以内に回収予定のもの
未収入金	固定資産、有価証券などの売却代金の未収額
建物	事業用の店舗、倉庫、事務所等の建物
車両運搬具	営業用の鉄道車両、自動車その他の陸上運搬具
特許権	産業財産権（工業所有権）のひとつで、産業上利用することができる新規の発明を独占的、排他的に利用できる権利
ソフトウエア	コンピュータシステムのソフトウエアの取得に要した金額
長期貸付金	得意先、従業員などに対する貸付金のうち、決算日後1年を超えて回収されるもの
負債の一般的な勘定科目	
支払手形	営業上の買掛債務の支払いのために振出した約束手形や引き受けた為替手形
買掛金	原材料や商品の購入により生じた仕入先に対する債務
前受金	商品・製品の販売代金についての前受けした金額のこと
短期借入金	銀行から借り入れた設備資金、運転資金、個人からの借入金、取引先、親会社からの借入金などで、決算日後1年以内に返済予定のもの
未払金	買掛金以外の債務で、固定資産の購入代金や有価証券の購入代金などの未払額
長期借入金	返済期限が決算日後1年超の借入金
純資産の一般的な勘定科目	
資本金	会社設立時の出資金や増資払込などのこと
資本準備金	資本取引から生じた株式払込剰余金などのこと
利益準備金	利益のうち、内部留保すべきものとして積み立てられたもの
自己株式	会社自ら取得した自社の株式（純資産から控除）

9 損益計算書を見ていこう

損益計算書は、利益の最終結果よりプロセスを重視する

損益計算書の様式と内容はどうなっているのか

　損益計算書は、収益から費用を差し引くことによって、儲けまたは損を計算する表です。損益計算書は、英語でProfit and Loss statement（プロフィット・アンド・ロス・ステートメント）あるいはP/L（ピーエル）と呼ばれます。

　商品を売り上げた代金や銀行にお金を預けた場合にもらえる利息などが収益に該当します。具体的には、売上、受取利息、受取配当金、有価証券利息、雑収入などです。

　費用とは、簡単にいえば、収益を得るために必要なコストのことです。つまり商品を売って儲けようとすれば、手ぶらでは儲かりませんので、まず、何といっても商品を仕入れなければなりません。この仕入代金が売上高に対するコストである売上原価になるのです。

　その他、広告宣伝費、従業員への給料、家賃、電気代や水道代なども必要ですので、すべて収益を得るための費用（コスト）になります。

　では損益計算書の様式と内容を具体的に見てみましょう。

① **タイトル・期間**

　損益計算書というタイトルを一番上に表記し、次に、いつからいつまでの期間の損益計算であるかを明らかにします。たとえば令和3年4月1日から翌年3月31日までの1年間であれば、「自令和3年4月1日至令和4年3月31日」と表記します。

② **売上・仕入・売上総利益（損失）**

　最も重要な売上高が一番上に表示されます。次に売上に直接かかった費用である原価（売上原価）が表示されます。売上総利益は売上高

から売上原価を差し引いた残額です。マイナスの場合は損失となります。

③　**販売費及び一般管理費**

　会社を運営していくのに必要な、従業員給与、事務所家賃、消耗品代などの必要経費とその合計額が表示されます。

④　**営業利益（損失）**

　②売上総利益から③販売費及び一般管理費を差し引いた後の利益（マイナスの場合損失）です。

⑤　**営業外収益・営業外費用**

　預金利息や有価証券の売買で得た利益など、本業以外の副収入的な性質の収益を営業外収益といいます。同様に借入金利息など、本業以外の取引にかかった費用を営業外費用といいます。

⑥　**経常利益（損失）**

　④営業利益に⑤の営業外収益を加えて営業外費用を差し引いた利益（マイナスの場合損失）です。一般的に、その会社の経営が健全かどうかを判断する、注目頻度の高い利益です。

⑦　**特別利益・特別損失**

　土地の売却損益のような、臨時的な収益や損失をいいます。特別利益、特別損失は、まれにしか発生しないような収益・費用が表示されます。

⑧　**税引前当期純利益（損失）・法人税、住民税及び事業税・当期純利益（損失）**

　⑥経常利益から⑦の特別利益、特別損失をプラスマイナスして、当期の利益（損失）の額を算出します。ただし会社の儲けには税金が課されますので、税額を計算する前の利益は「税引前当期純利益（損失）」といいます。これに対してかかる税金は「法人税、住民税及び事業税」という表示をします。税引後の利益が最終的な「当期純利益（損失）」となります。

損益計算書はプロセスを重視する

　損益計算書で大切なのは、当期純利益の金額そのものだけではなく、その当期純利益が導き出されたプロセスを表わすことです。

　つまり、①本業である商品の販売そのものでどれだけの利益を生み出せたのか、②そこから給料・家賃・水道光熱費などの費用を負担しても利益が出ているのかどうか、また、③預金等の利子・配当金の収入、借入金に対する支払利息などを受け取ったり支払ったりすると利

■ 損益計算書サンプル …………………………………………………

損益計算書
(自令和3年4月1日　至令和4年3月31日)　　(単位:円)

Ⅰ　売上高
Ⅱ　売上原価
　　　　売上総利益(または売上総損失)

Ⅲ　販売費及び一般管理費
　　　　営業利益(または営業損失)

Ⅳ　営業外収益

Ⅴ　営業外費用
　　　　経常利益(または経常損失)

Ⅵ　特別利益
　　　固定資産売却益
　　　投資有価証券売却益
　　　×××
　　　　　特別利益合計

Ⅶ　特別損失
　　　固定資産売却損
　　　減損損失
　　　災害による損失
　　　×××
　　　　　特別損失合計
　　　税引前当期純利益(または税引前当期純損失)
　　　法人税、住民税及び事業税
　　　当期純利益（または当期純損失）

益がどうなったのか、さらに、④資産を売却した利益等を加味すると利益がどうなったのかを示すプロセスです。

たとえば、本業の儲けを示す利益が大幅なマイナスで、本業以外の資産（土地や建物など）の売却益などで利益を出している会社は健全な経営を行っているとはいえないでしょう。

損益計算書では、当期純利益が導き出されたプロセスがはっきりわかるように、収益と費用をひとまとめにしていきなり当期純利益を計算せず、段階ごとに利益（損失）を計算するようにしています。これによって、本業で利益が出ているのかどうか、どこの段階での経費がかかっているのかが判断できます。

この結果を分析することによって、経営陣は、売上向上策やコスト削減策などの経営政策を打ち出して、会社経営をうまく舵取りすることができるわけです。

■ 損益計算書の計算構造 ·····································

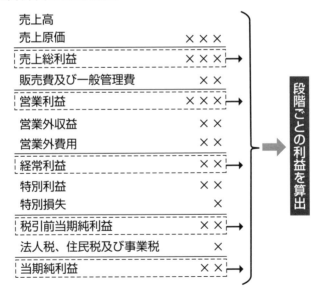

10 損益計算書の勘定科目について知っておこう

一般的には多くの会社が、共通した勘定科目を採用している

損益計算書の勘定科目

　売上金額のようなお金が入ってくる取引を「収益」といいます。また、家賃や従業員の給料などお金を払う取引を「費用」といいます。収益から費用を差し引いたものが「儲け」です。この儲けのことを当期純利益といいます。損益計算書では企業の活動結果として、どんな収益がどれだけあり、どんな費用がどれだけかかり、結果としてどれだけ儲かったのかを一覧することができますので、企業の経営成績が一目瞭然になります。

　損益計算書の主な勘定科目には以下のものがあります。

・**収益の「勘定項目」**

　売上（本業のビジネスによる収入）、受取利息（銀行預金などから発生する収入）、受取配当金（保有する株式によって受け取る配当）、雑収入（本業のビジネス以外で発生したその他の収入）などが挙げられます。

・**費用の「勘定科目」**

　費用に該当する主な勘定科目としては、売上原価、給料、通信費、水道光熱費、旅費交通費、租税公課、支払利息などが挙げられます。費用の勘定科目は特に種類が多く、会社の業態によってその内容は大きく異なります。取引の発生に応じて、たとえば広告宣伝費、研究開発費、消耗品費、交際費というように任意で勘定科目を設定することになります。

　旅費交通費は、社員が仕事で使った移動のためのすべての費用を指します。交通機関の違いは関係ありません。

　水道光熱費は、水道、電気、ガスなどにかかる費用です。

広告宣伝費は、会社や会社の扱っている商品などを広告・宣伝するために使われる費用です。広告宣伝の媒体には新聞、ポスター、テレビ、試供品の配布など様々なものがありますが、広告宣伝費に含まれる支出に媒体の違いは関係ありません。

会議費は、会社の中で行う会議の費用の他、取引先との商談で使用した費用も入ります。会場の確保の費用、飲食費用、会議に使用したプロジェクターの使用料、会議の資料の作成費用など、会議に必要な費用はすべて会議費に入ります。

租税公課は、税金や公的団体へ納める会費や罰金などです。なお、法人税・住民税・事業税は別途「法人税、住民税及び事業税」で表示されます。

地代・家賃は、土地や事務所などを借りる費用です。駐車場なども土地を借りるわけですから、地代の勘定科目に入ります。

交際費は、取引先への接待や、贈り物といった費用です。取引先など、事業に関係のある者に対して、接待、贈答、慰安などのために支出する費用が交際費に該当します。

支払利息とは、金融機関や取引先などから借入金がある場合に、契約に従って支払われる利息のことです。

■ 損益計算書は会社の経営成績を表わす ……………………………

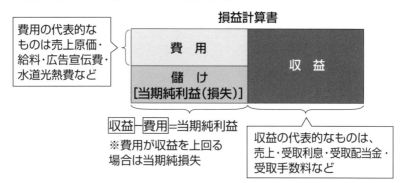

損益計算書

費用の代表的なものは売上原価・給料・広告宣伝費・水道光熱費など

費　用

収　益

儲　け
[当期純利益（損失）]

収益－費用＝当期純利益
※費用が収益を上回る場合は当期純損失

収益の代表的なものは、売上・受取利息・受取配当金・受取手数料など

勘定科目の名称については、社外の人が見てその内容がわかるような名称であればそれでよいのですが、一般的には多くの会社が、共通した勘定科目を採用しているといえます。なお、会社が購入した機械や車は資産ですが、実はこれらの資産は使用状況に応じて一定期間で費用化していくルールになっています。そのときの費用は減価償却費という勘定科目で表示します。

■ 損益計算書の主な勘定科目 ……………………………………

収益の一般的な勘定科目	
売上	物品の販売やサービスの提供によって生じた利益
受取利息	金融機関の預貯金利息、国債、社債などの有価証券利息など
受取配当金	株式、出資、投資信託等に対する配当金の収入
雑収入	上記以外の本業のビジネス以外で発生した収入

費用の一般的な勘定科目	
仕入	販売用の物品等の購入代金
役員報酬	取締役、監査役などの役員に対する報酬
従業員給与	従業員に対する給料、賃金、各種手当
法定福利費	従業員の労働保険や社会保険のうち、事業主が負担するもの
福利厚生費	従業員のための祝い金、健康診断費用、社内行事費用など
旅費交通費	通勤や業務遂行に必要な出張旅費など
接待交際費	取引先など事業に関係のある者に対する接待、慰安、贈答などのために支出される費用
会議費	会議用の茶菓、弁当、会場使用料
通信費	切手、はがき、電話、ファックス費用など
消耗品費	事務用品などの物品の消耗によって発生する費用
水道光熱費	水道料、ガス料、電気代など
保険料	設備、棚卸資産にかけた火災保険料、機械の運送保険料など
地代家賃	建物、事務所、土地の賃借に要する費用
租税公課	印紙税、登録免許税、不動産取得税、自動車税、固定資産税など
減価償却費	建物や車両運搬具など固定資産の取得価額を費用化したもの
雑費	上記以外の費用で、重要性がなく、特に独立科目を設ける必要がない費用を処理する科目
支払利息	金融機関からの借入金利息、他の会社からの借入金利息など

税務会計と企業会計について知っておこう

税務会計と企業会計は同じではない

▌税務会計と企業会計

　法人税とは、株式会社などの法人が事業年度（通常は1年間）において稼いだ利益（所得）に対して課税される国税のことです。会社法上確定した決算における利益を基礎とし、税法の規定により調整を加えることで課税所得の金額の計算を行います。

　企業に関係する会計には、法人税算出のための税務会計の他に、企業会計というものがあります。そして、同じ「会計」という言葉を使っていても、2つの会計の中身は違います。

　企業会計は、会社の業績などの実際の姿をできる限り正確に表わすことを目的としています。それに対し、税務会計は、公平な課税を誰もが納得できる形で算出することが目的になっています。そもそも、会計の目的が違うのです。したがって、会計のルールも税務会計と企業会計とでは違います。

　たとえば、交際費等は、会計上は全額が費用ですが、法人税の計算上では、一定額までしか費用（税法では損金という）として認められていません。そのため、法人税法上は費用として認められない分を会計上の利益に加算した金額が法人税の課税所得になります。つまり、課税所得の方が会計上の利益より多額になります。これは、「税金を納めるぐらいなら」と交際費をムダに使った会社と、接待等を必要最低限にした会社の利益が同じだったとして、同じようにそのまま課税するのは税務上は不公平という考え方に基づきます。つまり課税の公平が保てずに、結果として税収が少なくなってしまうことがないように考慮したものが、税務会計なのです。

企業会計上の利益から算出する課税所得

　先ほどまで出てきた収益、費用、利益とは、企業会計で使う言葉です。企業会計では、企業が営業活動をして得たお金（これを企業会計では、「資本取引を除いた企業活動によって得たお金」といいます）を収益、そのお金を得るために使ったお金を費用、収益から費用を引いたお金を利益と呼びます。

　一方、税務会計のもととなる法人税法では、その法人の「各事業年度の所得の金額は、その事業年度の益金の額からその事業年度の損金の額を控除した金額とする」と明記されており、原則としてそれぞれの事業年度ごとに、「益金の額」から「損金の額」を控除した金額に対して税金を課すことにしています。「益金の額」から「損金の額」を控除した金額を課税所得といいます。具体的には、損益計算書に記載されている当期純利益に一定の調整（税務調整）を加えて、法人税の申告書の別表四という表を使って課税所得の金額を計算します。

　結局、益金、損金、所得とは、企業会計上の収益、費用、利益に法人税法上の特別ルールで修正を加えて算出したものだということになります。

■ 企業会計上の利益と課税所得 ………………………………………

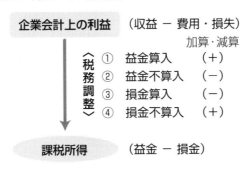

12 税務調整について知っておこう

適切な税額算出のための調整のこと

税務調整とは

　企業会計では会社の経営実態を知るという機能が重視されますが、税務会計では「税収の確保」と「税の公平性」という政策的な配慮がいたるところに見られます。つまり、税務会計とは、企業会計で算出した収益、費用、利益に「税収の確保」と「税の公平性」という面からの修正を加えることなのです。この修正を加えることを税務調整と呼びます。

　税務調整には、決算の際に調整する決算調整と、申告書の上で加減して調整する申告調整があります。

　法人税法では、その法人の「各事業年度の所得の金額は、その事業年度の益金の額からその事業年度の損金の額を控除した金額とする」と規定しています。益金とは法人税計算上の課税所得の対象となる収益のこと、損金とは法人税の課税所得の計算において対象となる費用のことです。法人税の所得を計算する際は、ゼロから「益金」と「損金」を集計するのではなく、企業会計上の確定した決算に基づく「利益」をもとにして、「申告調整」を行って求めることになります。

申告調整の方法

　企業会計上の利益から法人税法上の所得を導き出す申告調整には、次の4種類があります。

① 益金算入

　企業会計上は収益として計上されないが、法人税法上は益金として計上することをいいます（圧縮積立金の取崩額など）。

② 益金不算入

　企業会計上は収益として計上されるが、法人税法上は益金として計上しないことをいいます（受取配当金の益金不算入額など）。

③ 損金算入

　企業会計上は費用として計上されないが、法人税法上は損金として計上することをいいます（繰越欠損金の損金算入額など）。

④ 損金不算入

　企業会計上は費用として計上されるが、法人税法上は損金として計上しないことをいいます（交際費等の損金不算入額など）。

　つまり、企業会計上の「利益」に、企業会計上の「収益・費用」と法人税法上の「益金・損金」の範囲の違うところを「申告調整」によってプラス・マイナスして、法人税法上の「所得」を算出するわけです。結果として、以下のようになります。

> 法人税法上の所得＝企業会計上の利益＋益金算入額、損金不算入額－益金不算入額、損金算入額

■ 法人税の課税対象 ……………………………………………………………

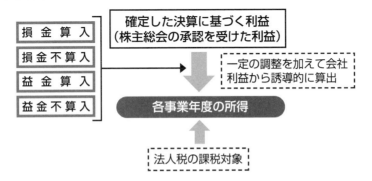

IFRSとはどんなルールなのか

IFRSとは、IASB（国際会計基準審議会）が作成しているグローバルな会計ルールのことです。正式には国際財務報告基準（International Financial Reporting Standards）といい、この略称としてIFRSという言葉が用いられています。従来は、各国、各地域ごとに定められた会計のルールを用いて、財務諸表を作成していました。そのため、異なる国の企業について、それらの財務諸表を単純に比較検討することが難しいことも多くありました。そこで、世界共通の会計のルールとして導入が進められているのがIFRSです。日本でもIFRSを採り入れる動きが進んでおり、すでにIFRSを適用した財務諸表を公開している企業もあります。IFRSと日本の会計のルールでは、細かい点も含めて異なる箇所が多々あります。

まず、日本の会計ルールが細目主義と言われているのに対し、IFRSは原則主義であると言われています。日本の会計ルールでは具体的な数値基準や処理方法まで定めているのに対し、IFRSでは具体的な判断基準などはあまり示されていません。

また、財務諸表の呼び方が変わります。日本の会計ルールでは、財務諸表を貸借対照表、損益計算書、株主資本等変動計算書と呼んでいました。IFRSでは、これらを財政状態計算書、包括利益計算書、持分変動計算書と呼びます。日本の損益計算書は当期純利益を算定する形式ですが、包括利益計算書では純資産の変動額（増資などによる増減を除く）から求めた包括利益が算定されます。損益計算書にあるような経常損益や特別損益の表示区分もありません。さらに、IFRSの税金に関する開示は、日本の会計ルールよりも拡充されています。IFRSでは、税金費用の内訳や、その他包括利益の各内訳項目に係る法人所得税の金額等の開示も必要になります。

第 2 章

法人税の基本

法人税と会社の利益の関係について知っておこう

利益が増えれば当然納税額も大きくなる

健全経営と節税対策の両立

　会社は、会計期間の間に稼いだ利益に対して法人税、法人住民税、法人事業税を納付しなければなりません。このような種々の税金を合わせると、利益の約30％が税金に消えてしまうことになります。会社は、通常1年間を会計期間として、その1年間の利益を計算することになっています。会計期間の始まりを期首、終わりを期末といいます。この会計期間で稼いだ利益をもとに、1年間の税金の額が決定されるのです。

　税金の納付は、原則として決算日後2か月以内に行うことになります。ここで気をつけなければならないことは、納付に合わせて、税金分の現金を用意しておく必要があるということです。この税金の支払時期を考慮して余裕のある資金スケジュールを組んでおかないと、得意先からの入金が遅れてしまったり、通常にはないような大口の支出があった場合に税金を納付する資金がなくなってしまうということにもなりかねません。

　法人税は、会社の確定した決算に基づく利益から計算した所得に税率を掛けて算出しますので、納税額を少なくするためには、この利益を少なくすればよいわけです。

　最終的な利益が計算されるまでの過程としては、まず、売上高から売上原価を差し引いて売上総利益を求め、ここから販売費及び一般管理費を差し引いて営業利益を求めます。

　さらに、この営業利益に営業外収益、営業外費用を加減算して経常利益を求め、最後に特別利益、特別損失を加減算して税引前当期純利

益を求めます。したがって、利益を少なくするには、各段階の収益を少なくするか、費用を多くするかのどちらかということになります。

　計算上は確かにそうですが、単純に納税額を少なくするために売上を減少させたり、経費を増大させればよいというものではありません。このような方法をとれば、事業が縮小して利益を確保することが困難になったり、資金繰りに窮することになったりして、結果的に会社自体の存続が危ぶまれる状態に陥ってしまいます。それよりは売上を増大させる対策を考えて資金を増やし、正しい納税をする方が健全な会社経営を行っているといえます。そもそも会社は出資者である株主のものです。利益が出れば、それに応じて株主へ配当も支払われます。会社の経営者が極端な節税に走り、利益を出すことから目を背けることは、株主への背信行為とも受け止められかねません。

税金を減らす方法

　ムダな経費を増やすことはいけませんが、上手に税法の規定を利用して、本来その期間の損金ではなかったものを損金にするという方法はどうでしょうか。具体的には、租税特別措置法で臨時的に設けられる制度の利用です。

■ 健全な会社経営と節税対策 ……………………………………………

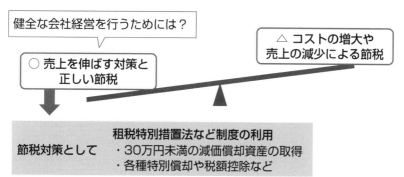

たとえば、中小企業であれば現在、取得価額が30万円未満の減価償却資産を取得した場合には、取得価額の全額を経費とすることが認められています（合計300万円まで）。本来であれば10万円以上の減価償却資産は資産に計上して、耐用年数の期間にわたって減価償却費を計上しますが、これを即時に償却することができるという特例です。減価償却資産とは建物、機械設備など、少なくとも１年以上にわたって使用し、年月が経過するにつれて、価値が目減りしていくものです。

　また、租税特別措置法には各種税額控除制度が規定されています。税額控除ですから、利益を減らしたり、経費を増やしたりしなくても、税金を減らすことができるのです。設備投資等を考える際に適用対象となる資産を購入するなどの検討が、効果的な節税対策につながるはずです。

■ 税金と利益の関係 ……………………………………………

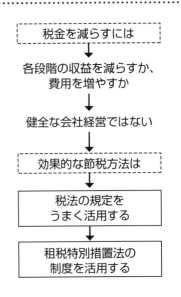

売上高	××××
売上原価	▲×××
売上総利益	×××
販売費及び一般管理費	▲××
営業利益	×××
営業外収益	××
営業外費用	▲××
経常利益	×××
特別利益	××
特別損失	▲××
税引前当期純利益	××

税金を減らすには
↓
各段階の収益を減らすか、
費用を増やすか
↓
健全な会社経営ではない
↓
効果的な節税方法は
↓
税法の規定を
うまく活用する
↓
租税特別措置法の
制度を活用する

５つの利益と儲けのしくみ をつかもう

段階利益を表示する目的は、正しい経営成績の判断を可能にするため

段階ごとに利益を表示する理由

　損益計算書では、損益の計算を①売上総利益、②営業利益、③経常利益、④税引前当期純利益、⑤当期純利益の５段階に分けて儲けのしくみを示していきます。

　たとえば、債権者の立場からしても、「どうやって儲かったのか」までわからなければ、今後の債権回収に支障が生じることにもなりえます。その会社の本業で利益を上げたのか、それとも本業では損を出したが、臨時的な利益で本業の損をカバーしたかでは大きな違いがあるためです。このような理由から、損益計算書では段階的な利益を明らかにしていく必要があります。

①　売上総利益

　売上高から売上原価を差し引いたものを売上総利益といいます。正式な名称は会計上「売上総利益」といいますが、日常的には粗利または荒利と呼ばれます。

　また、「売上原価」は当期に販売された商品の仕入原価であり、通常売れ残った在庫分は「売上原価」にはなりません。

②　営業利益

　「売上総利益」から「販売費及び一般管理費」を差し引いたものが営業利益です。「販売費及び一般管理費」は、販売部門や管理部門などで発生したコストを指します。具体的には、販売費は、販売促進費、広告宣伝費などです。一方、一般管理費は、管理部門の人件費、建物の家賃、減価償却費などです。

　「営業利益」とは、その言葉通り会社の営業活動によってもたらさ

れた利益のことです。「営業利益」が赤字のような会社は債権回収に
支障が生じる可能性があります。また、「販売費及び一般管理費」の
内訳を把握することで、その会社の経営方針がわかることもあるので
債権管理に生かすことができます。

③　経常利益

　「経常利益」とは、企業が本業を含めて普段行っている継続的な活
動から得られる利益のことであり、「営業利益」に「営業外収益」と
「営業外費用」をプラスマイナスすることで求められます。営業外収
益または営業外費用とは、その会社の基本的な営業活動以外から生じ
る収益や費用を指します。企業の財務活動から生じた受取利息や支払
利息などが該当します。

④　税引前当期純利益

　「経常利益」に「特別利益」と「特別損失」をプラスマイナスした
利益が「税引前当期純利益」です。特別利益、特別損失は、経常的な
事業活動以外から発生した利益、損失のことです。

　たとえば、土地を売却した際の利益や、工場が火災に遭った際の災
害損失など臨時的に発生する項目が該当します。そうした損益も含め
た包括的な利益が「税引前当期純利益」です。

⑤　当期純利益

　「税引前当期純利益」から「法人税、住民税及び事業税」を差し引
いたものを当期純利益といいます。会社の利益には、法人税・住民
税・事業税といった税金がかかります。税金もコストの一部です。現
金が出ていくという意味では、人件費や支払利息などの経費と何ら変
わるところはありません。「当期純利益」は、その事業年度の最終的
な成果を表わす利益です。

損益計算書と貸借対照表の利益の計算方法の違い

　前述したように、売上高から売上原価や販売費及び一般管理費、営

業外費用、特別損失といったコストを差し引いて利益を算出します。このように、利益を生み出す原因からたどって利益を算出する方法を損益法といいます。損益計算書はこの方法に従って利益を算出しているのです。損益計算書上では、5段階にわたって利益を算出していく中で、利益の増減に影響するそれぞれの要因が明らかにされています。

　この方法以外にも、利益を求める方法があります。それは、貸借対照表を用いて利益を算出する方法です。生み出された当期純利益は純資産に蓄えられます。つまり、当期に生み出された利益の分だけ純資産が増加することになるのです。このしくみを利用して、利益を算出する方法を財産法といいます。この方法では、期末の純資産から期首の純資産を差し引くことで、当期純利益を算出します。ただし、増資や減資などのような利益以外の純資産変動要因がある場合は、期首と期末の純資産の差額がそのまま当期純利益と一致するわけではないことに注意が必要です。

■ 費用及び収益の経常性という観点からの分類 …………………

費用および収益は、それが毎期経常的に発生するものなのかどうかにより経常損益と特別損益とに分類することができる

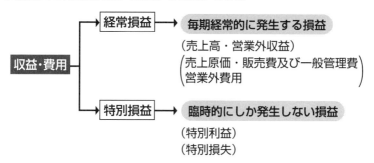

Q 会社が物を売った場合は「売上」になると考えてよいのでしょうか。

A 「売上」とは、自社の製品・商品を販売するなど、会社が本来の目的としている営業活動を行って獲得した収益のことです。売上とは、販売代金としてもらった金額全体の合計です。言いかえれば会社が本業で稼いだお金ということになります。商品や製品の販売以外にも、修理や輸送、不動産の賃貸など、目に見えないサービスを提供して稼いだお金も、売上に含まれます。

法人税法上の取扱いですが、売上は、法人の所得の一部を構成します。ですから、法人税の課税対象となります。厳密にいうと、売上全体に課税されるのではなく、営業活動に必要な経費などを差し引いた残額である、儲けの部分に課税されることになります。

法人税が課税されるのは、「売上」に限られるわけではありません。たとえば閉鎖した事業所の機械や倉庫等を処分するなど、本業以外にも物を販売するケースがあります。これは「売上」には含まれませんが、法人税の課税の対象となります。会社の不動産など、本業以外で資産を販売した場合も、儲けの部分に課税されるというのは同じです。販売代金から帳簿価格を差し引いて、儲けが出ていればその部分に課税されます。反対に、帳簿価格を下回っており、損失が出ていれば、その分法人税も少なくなります。帳簿価格とは、帳簿に計上されている金額のことです。購入価格から耐用年数に応じた減価償却費を控除した残額となります。ただし、故意に実際の価値よりも低い価格で販売して、損失を出すような行為は認められません。

また、自社の役員や社員、得意先などに、無償や低額で資産を販売した場合、市価で販売したとみなされ、実際の販売代金との差額について課税される場合がありますので注意が必要です。

収益・費用の計上のタイミングを知っておこう

発生主義の原則と実現主義の原則によって計上される

発生主義の原則とはどのような考え方なのか

　会社のすべての費用及び収益は、その支出や収入に基づいて計上し、その発生した期間に正しく割り当てられるように処理しなければなりません。これが発生主義の原則と呼ばれるもので、企業会計原則に規定されています。そして、前払費用及び前受収益は、当期の損益から除き、未払費用及び未収収益は、当期の損益計算に含めなければならないとしています。

　費用には、現金の支払いとサービスの提供の時期にズレが生じることがあります。この支払日とサービスのズレが決算期をはさんでいる場合に、前払費用と未払費用が計上されます。前払費用とは、継続的に受けるサービスより前に支払いをしている場合です。たとえば、今期中に来期の分まで家賃を支払っている場合でも、来期の期間に対応する家賃は前払費用として当期の費用にはできません。未払費用とは、継続的にサービスを受けているのに支払いがなされていない場合です。この場合、未払いであっても今期中に受けたサービスに対応する費用は未払費用として当期の費用に計上しなければなりません。未収収益も前受収益も、費用の場合と同様の考え方で計上されるものです。つまり、発生主義とは、現金主義（現金の受取りや支払った時に収益や費用を計上する）ではなく、発生という観点から費用及び収益を計上するという会計処理の考え方です。

実現主義とはどのような考え方なのか

　「企業会計原則」などでは、商品等の販売は実現したものに限ると

規定しています。これを実現主義の原則といいます。つまり、売上などの収益については、発生しているだけではダメで、実現していなければ計上できないということです。たとえば、物の引渡しを要するものは「引渡しのあった日」、役務の提供を要するものは「役務の提供の完了した日」に収益の実現があったものとして計上します。

「引渡しのあった日」をいつの時点とするかは、商品等の性質、取引の形態等によって違いがあり、次の①〜④の計上基準から選択し、毎期継続適用しなければなりません。ただし、令和3年4月1日以降開始する事業年度より、「収益認識に関する会計基準」が、会計監査を受けていない一部の中小企業を除き強制適用されています。この基準は、顧客にとって商品などの「資産に対する支配を獲得した時」に売上を計上すると定めているため、会計上は取引条件によって実態に即した処理方法が必要とされます。

① 出荷基準（商品の出荷時）

② 検収基準（相手方の検収時）

③ 使用収益開始基準（相手方が使用収益することができることとなった日）

④ 検針日基準（検針等により販売数量を確認した時）など

■ 収益・費用の計上時期 ……………………………………………

発生主義 ----- 現金主義で計上するのではなく、
発生した期間に正しく割り当てる会計処理

実現主義 ----- 収益が実現した時点で計上する会計処理

（実現の日）物の引渡しを要するもの → 引渡しのあった日
役務の提供を要するもの → 役務の提供の完了した日

引渡しのあった日
※毎期継続適用する
— 出荷基準
— 検収基準
— 使用収益開始基準
— 検診日基準

Q 収益や費用はどの時点で計上しますか。また、注意すべきケースなどがあれば教えてください。

A 収益や費用の計上時期については、法人税法上においても決まりがあります。これは、課税を逃れるための恣意的な操作ができないようにするためです。もし、会社側の意思で計上時期を自由に操作されてしまえば、課税に不公平性が生じてしまうからです。

収益や費用の計上時期ですが、原則として、商品等を販売した場合は引渡日、サービスの提供では完了日、その他の費用などの場合は支払確定時に計上することになっています。家賃や地代などの場合、賃貸契約に基づいて支払期日の到来したものを計上することになります。

さらに、商品等の販売の場合では、引渡日をいつと認識するかという問題がでてきます。引渡日については、たとえば、納品伝票作成時、出荷時、検収時、輸出の場合は船積み完了時など、実は複数の基準が認められています。会社側は、これらの中から実態に適した基準を選択することができます。

ただし、当然ですが、一度選択した計上基準は、毎期継続して適用する必要があります。特に決算期末においては、売上が今期と翌期のいずれに属するかで、税金も大きく変わってくる場合があります。また、計上漏れが税務調査などで判明した場合、差額よりも多くの税金が追徴課税されてしまいます。当期に計上すべき金額にもれがないか、十分チェックを行う必要があります。

ところで、商品に引き換えることのできる商品券などを発行し、販売している場合については、原則として商品券の引換えにより商品を引き渡した時点での計上となります。ただし、有効期限内または発行した事業年度末から10年間で使用されていなければ、計上する必要があります。

Q 前払費用と短期前払費用の取扱いについて教えてください。

　　55ページで前述したように、前払費用とは、継続的に受ける
　　サービス（家賃、保険料など）に対して当期中に支払った費用のうち、翌期以降に対応する分をいいます。つまり、経費の前払いです。翌期以降に対応する支払分については、当期の時点ではサービスの提供を受けていないことから、費用としては認識しません。適切な期間損益計算のために、前払費用として翌期に繰り延べます。この考え方は、会計上も法人税上も同じです。

　一方で、会計上と法人税上で前払費用の取扱いが異なる点があります。それは、短期前払費用に関する取扱いです。短期前払費用とは、前払費用の中でも、支払った日から1年以内にサービスの提供を受けるものをいいます。たとえば、支払った月が10月末の場合、翌期の10月までに受けるサービスの前払いは短期前払費用に該当しますが、翌期の11月までに受けるサービスの前払いは短期前払費用としては取り扱われません。法人税法上、この短期前払費用に関しては、支払った日の属する事業年度において損金の額に算入することができるのです。会計上は、サービスの提供を受ける前に、短期前払費用も含め前払費用を費用として認識することはできません、そのため、この点において法人税法上と取扱いが異なることになります。

　ただし、短期前払費用を損金の額に算入するためには、この処理方法を継続して適用しなければなりません。当期に短期前払費用を損金に算入する処理を行った会社は、翌期に業績が悪化していたとしても引き続き短期前払費用を損金の額に算入しなければなりません。毎期の会社の業績に応じて、処理を変更することができない点に注意が必要です。また、複数年分の前払費用のうちの1年分のみを短期前払費用として損金の額に算入することもできません。

4 法人税の課税対象と税率について知っておこう

各事業年度の所得に対して課税され、中小法人には特例として一部に軽減税率が適用される

どのような所得に課税されるのか

法人税は、基本的には各事業年度の所得（課税所得）に対して課税されます。

この他、令和4年4月1日以降に開始する事業年度より適用されている、従来の連結納税制度に代わる「グループ通算制度」などがあります。この制度は、100％の子会社を含めた会社グループでの法人税計算の調整を行うことができるため、赤字の子会社があった場合には、親会社や他の子会社の黒字との相殺を通じて、グループ全体の法人税を減らすことができます。

法人税の税率

各事業年度の所得に対する法人税は、その事業年度の法人の所得（利益）に税率を掛けて求めることになっています。

具体的な税率は、その法人の種類と資本金の規模及び所得金額によって決められています（次ページ）。法人税の税率は、普通法人の場合は原則一律23.2％（地方法人税を含め25.59％）です。ただし、期末資本金が1億円以下で、資本金5億円以上の大法人に完全支配されていないような中小法人については、特例として一部に軽減税率が適用されます。人格のない社団等及び公益法人などについては、他の法人と異なり、各事業年度の所得のうち収益事業から生じたものに対してのみ法人税が課税されます。さらに、令和5年度税制改正大綱では法人税額の500万円を超える部分に、4％～4.5％を上乗せする付加税を課すことが検討されています。

中小法人等の軽減税率は、令和5年3月31日までに開始する事業年度について適用されます（令和5年度税制改正大綱では、適用期限を2年延長予定）。

特に高い法人税率が課されることもある

資本金1億円超の一定の同族会社が一定の限度額を超えて各事業年度の所得を留保した場合には、通常の法人税の他、その超える金額に応じた特別税率による法人税が課税されます。これは、同族会社の場合、役員が賞与や配当を受け取ると所得税や住民税がかかるため、あえて会社に利益を貯めておき、課税を免れる行為を防ぐための措置です。

また、法人が支出した金銭のうち、使途のはっきりしないものは、使途秘匿金の支出額に対して40％の特別税率による法人税が課税されます。

■ 法人税の本則税率 ···

法人の種類		所 得 金 額 の 区 分	税　率	
			原　則	中小企業者等の特例(注)
普通法人	中小法人	年800万円以下の金額	19%	15%
		年800万円超の金額	23.2%	23.2%
	大法人	所 得 金 額	23.2%	―
協同組合等		年800万円以下の金額	19%	15%
		年800万円超の金額	19%	19%
		特定の協同組合等の年10億円超の金額	22%	22%
公益法人等		年800万円以下の金額	19%	15%
		年800万円超の金額	19%	19%
特定の医療法人		年800万円以下の金額	19%	15%
		年800万円超の金額	19%	19%
人格のない社団等		年800万円以下の金額	19%	15%
		年800万円超の金額	23.2%	23.2%

（注）中小企業者等の税率の特例は令和5年3月31日までに開始する事業年度に対して適用
（令和5年度税制改正大綱では、適用期限を2年延長予定）。

5 税額控除について知っておこう

所得税額控除や政策目的に基づく税額控除などがある

税額控除とは

　納付すべき法人税を計算する際に、法人税の課税所得金額に税率を掛けた法人税額から直接控除するものを税額控除といいます。税額控除には、以下の目的から設けられています。

① 二重課税を排除する目的から設けられているもの

・所得税額控除

　法人が支払いを受ける利子等や配当等について、所得税法の規定により源泉徴収された所得税額は、法人税の前払いとして、法人税額から控除することができます。これを所得税額控除といいます。

・外国税額控除

　日本の法人税法は、内国法人については、その所得の生じた場所が国内であるか国外であるかを問わず、すべての所得の合計額に課税することとしています。一方、その所得が生じた場所が国外である場合には、外国でも課税を受けているのが一般的です。そのため、国際的な二重課税という問題が生じます。このような国際間における二重課税を排除する目的で、外国税額控除が設けられているのです。控除できる外国税額には、限度額が設けられています。負担した外国税額のうち、この控除限度額までを納付すべき法人税から控除できるわけです。

　控除限度額は、控除前の法人税額を基礎に計算します。まず、当期の所得金額のうち国外所得金額の占める割合を算出し、この割合を法人税額に掛けたものが控除限度額です。国外所得金額は、実際には外国で課税されていない所得があれば除外します。つまり、国外所得金額の割合が少なくなるため、控除限度額も少なくなるということです。

この限度額を超えない範囲内で、外国税額控除が適用されます。

② 政策目的から設けられているもの

・租税特別措置法による税額控除

　この他、その時々の投資促進や雇用促進など政策目的のため、租税特別措置法で臨時的に税額控除を設けることがあります。税額控除は、直接納めるべき法人税額から控除できるものですから非常に有利な規定です。税制改正の際には、改正項目の中に税額控除の内容が盛り込まれているかどうか確認しておくことが大切です。

■ 所得税額控除 ……………………………………………………………

全額控除となる

元本を所有していた期間に
対応する部分だけ控除

預貯金の利子、公社債の利子
合同運用信託の収益分配など

剰余金の配当、利益の配当
など

所得税額

■ 外国税額控除（控除の対象となる外国法人税額）………………

負担した外国税額
（最大35％まで）

少ない方の金額を法人税額から控除

控除限度額
法人税額 × $\dfrac{\text{国外所得（当期の所得×90％まで）}}{\text{当期の所得（欠損金等控除前）}}$

6 特別償却・特別控除について知っておこう

多くの特別償却・割増償却の適用が認められている

特別償却・割増償却とは何か

特別償却とは、特定の機械や設備を購入し利用した場合に、税法で認められた通常の償却額に加えて、取得価額に一定割合を乗じて算出した金額を上乗せして償却できることをいいます。

一方、割増償却とは、税法で認められた通常の方法による償却に加えて、通常の償却額に一定割合を乗じて算出した金額を上乗せして償却ができることをいいます。ただ、特別償却も割増償却もすべて青色申告法人であることが要件です。

特別償却、割増償却は、初年度に普通償却と別枠で減価償却が行えるので、初年度の税負担は軽減できます。しかし、その後の減価償却費は、先取りした分だけ減少するので、期間を通算すれば、全体として償却できる額は同じですから、課税の繰り延べ措置といえます。

特別償却と特別控除（税額控除）

特別控除とは、納めるべき税額から一定額を特別に控除することができる特例です。特別控除制度の多くは、前述の特別償却制度との選択適用が認められています。特別控除の適用の対象となる法人は、青色申告法人であることが要件です。

特別償却は、償却を前倒しして計上する課税の繰り延べであるのに対し、特別控除は一定額の法人税を控除する一種の免税です。長期的に見れば、通常は特別控除の方が有利です。

では特別控除がなぜ有利なのか、具体例で見てみましょう。たとえば中小企業投資促進税制では、取得価額全額の即時償却または取得価

額の７％（一定の中小企業については10％）の税額控除の選択ができます。200万円の一定の機械を購入した場合、特別償却を選択すると200万円を当期の損金に算入することができます。中小法人の税率を適用して15％とすると、納める法人税が200万円×15％＝30万円分少なくなることになります。ただし、翌年以後については、機械の減価償却費は損金に算入することはできません。取得価額は、当期に全額費用化してしまっているからです。

　一方、特別控除を選択すると、200万円の機械であれば、200万円×７％＝14万円を、納めるべき法人税額から直接控除することになります。特別償却を選択した場合の30万円と比較すると、当期の節税効果は小さいといえます。ただし特別控除とは別に、取得価額200万円に対する減価償却を通常通り行うことができます。200万円分の取得価額については、長い目で見れば、耐用年数に応じて全額損金に算入することができるということです。つまり、特別控除を受けた金額については、特別償却を選択した場合よりも多く節税できたということになります。実際どちらを選択する方がよいのかについては、よく検討してみるとよいでしょう。

■ 特別償却と特別控除の比較 ……………………………

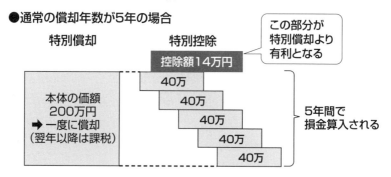

●通常の償却年数が5年の場合

特別償却　　　特別控除

この部分が特別償却より有利となる

控除額14万円

本体の価額200万円
➡ 一度に償却
（翌年以降は課税）

40万
40万
40万
40万
40万

5年間で損金算入される

7 欠損金の繰越控除について知っておこう

欠損金を利用すれば法人税を少なくすることができる

欠損金とは「赤字」のことである

　欠損金とは、その事業年度の損金の額が益金の額を超える場合のマイナスの所得、つまり赤字のことをいいます。会社は継続的に事業活動を行いますので、黒字の年もあれば赤字の年もあります。このような場合に、黒字のときだけ税金が課税され、赤字のときは何の措置もないというのでは不公平です。そのため、マイナスの所得である欠損金が生じた場合には、欠損金の繰越控除という制度によって、税負担の調整を図っています。

向こう10年間に生じる黒字から控除できる

　今期の事業年度の所得金額が黒字だった場合において、その事業年度開始の日の前から10年以内に開始した事業年度に生じた赤字の所得金額、つまり欠損金額があるときは、今期の黒字の所得金額を限度として、その欠損金額を損金の額に算入することができます。これを欠損金の繰越控除といいます。つまり、欠損金が生じた場合は、将来10年間に生じる黒字の所得金額から控除することができるのです。

　ただし、中小法人等を除き、所得から控除できる金額は黒字の事業年度の所得の50％までに限られています。中小法人とは、期末資本金1億円以下で、資本金5億円以上の大法人による完全支配関係がないなどの要件に該当する法人です。

　この制度の適用要件は、欠損金が生じた事業年度において青色申告書を提出し、かつ欠損金の生じた事業年度以降連続して確定申告書（青色申告書でなくてもよい）を提出していること、欠損金が生じた

事業年度の帳簿書類を保存していることです。

▌中小法人は税金を還付してもらえる

　今期の事業年度が赤字だった場合（欠損事業年度といいます）、その欠損金を、今期事業年度開始の日前1年以内（前期）に開始した事業年度に繰り戻して、その欠損金に相当する法人税の全部または一部を還付してもらうことができます。これを欠損金の繰戻しによる還付といいます。

　この制度は、中小法人および解散など特別の事情のある法人に限り受けることができます。制度が適用されるためには、①前事業年度（前期）および欠損事業年度（当期）共に青色申告書を提出していること、②欠損事業年度の青色申告書を期限内に提出していること、③欠損事業年度の青色申告書と同時に欠損金の繰戻しによる還付請求書を提出していること、という条件を満たすことが必要です。ただし、この制度は法人地方税にはありません。還付されるのは国税である法人税の額のみです。

■ 欠損金とその調整 ･･･

欠損金の繰越控除

　各事業年度の開始の日前10年以内の欠損金額を各事業年度の所得の金額の計算上、損金の額に算入が可能

➡ 「前期赤字、今期黒字」の場合は欠損金の繰越控除が可能。
　平成30年3月31日以前に開始した事業年度で生じた欠損金額は9年以内。

欠損金の繰戻しによる還付

　欠損金額を欠損事業年度開始の日前1年以内に開始した事業年度に繰り戻して還付を請求できる

➡ 「前期黒字、今期赤字」の場合には欠損金の繰戻しによる還付（中小法人等のみ）が可能。

圧縮記帳について知っておこう

帳簿価額を利益分だけ下げる処理方法である

圧縮記帳とは「課税の延期制度」である

　圧縮記帳とは、固定資産の帳簿価額を切り下げ、課税所得を小さくする方法です。圧縮記帳は、法人税法で規定しているものと、租税特別措置法で規定しているものがあります。

　代表的なものとしては、法人税法では、①国庫補助金や保険金等で固定資産等を取得した場合、②不動産の交換により一定の固定資産等を取得した場合の圧縮記帳があり、租税特別措置法では、①収用等により資産を取得した場合、②特定資産の買換え等により資産を取得した場合の圧縮記帳があります。

　たとえば、国や地方自治体から国庫補助金等をもらって、機械を購入したとします。国庫補助金が500万円で、機械の取得価額が600万円、この場合、受給した国庫補助金500万円は会社の収益に計上され、税金が課税されます。一方、機械の取得価額600万円は固定資産に計上され、耐用年数に応じて毎期減価償却費が計上されます。国などが補助金を支給するということは、その対象となる設備投資等を国などが将来期待できるものと判断しているからです。

　このような目的があるにもかかわらず、その補助金に税金が課税されてしまったらどうなるのでしょうか。法人税や住民税、事業税などで補助金の約30%は税金で減ってしまうので、これでは機械の購入が困難になってしまいます。

　そこで考えられたのが圧縮記帳です。圧縮記帳によれば、この例でいうと、600万円で取得した機械の価格を500万円圧縮することができ、機械の帳簿価額は100万円になるということです。補助金の額500万円

相当額を圧縮損として損金に計上し、同額を機械の取得価額から控除するわけです。

　このように圧縮記帳とは、会社の利益を減らし税金を軽減する有利な制度です。これ以外の圧縮記帳も考え方はすべて同じです。

　ただし、圧縮記帳によった場合は、一時的に税金は軽減されますが、いずれその軽減された税金分は取り戻されることになります。なぜなら、圧縮記帳により機械の簿価は100万円に下がっているため、毎期計上される減価償却費は600万円のときと比べて少なくなります。ということは、利益が多くなり、結果として税金も多くなるわけです。このため圧縮記帳は、課税が免除されたのではなく、長期的には圧縮記帳を行う場合とそうでない場合での課税に与える影響額を合計すると変わらないため、単に「課税の延期」をしてもらえる制度ということができます。

　また、途中で売却したときも、簿価が圧縮されている分、売却益が多くなり、税金も多くなる結果となります。

■ 圧縮記帳の関係図 ……………………………………………………………

譲渡対価	譲渡益	圧縮損	実際の取得価額	
	帳簿価額等	圧縮記帳後の帳簿価額		減価償却の基礎となる取得価額

譲渡益と相殺され税金は課されない

同族会社について知っておこう

3つの株主グループに50%超保有されている会社である

同族会社とは

　一般に同族会社とはオーナーが社長となっている会社のことを指します。法人税法は、同族会社についてさらに細かく定義しています。法人税法における同族会社とは、3人以下の会社の株主等と、それら株主等と特殊関係にある個人・法人（株主グループ）の持つ株式総数または出資の合計額が、その会社の発行済株式総数または出資総額の50%を超える会社のことです。

同族会社の行為または計算の否認とは

　同族会社は、上場会社等と比較すると個人的色彩が強く、恣意的な経営が行われやすいといえます。こうした行為の多くについては、法人税法において損金算入が認められない規定（否認規定）が設けられています。たとえば、過大な役員給与の損金不算入なども、恣意的な経営を牽制する役割を担っているといえます。

　しかし、中にはいずれの否認規定にも該当しない行為もあります。そのような行為について、課税上弊害がある場合の抑止力としての役割を果たしているのが、同族会社の行為または計算の否認規定です。

　つまり、同族会社が行った行為・計算が租税回避につながると認められる場合、通常の法人が行う行為・計算に引き直して所得計算を行うという規定です。したがって、法令上や企業会計上で有効だとしても、税務上は否認されるといったケースも起こり得ます。

同族会社の留保金課税とは

　同族会社においては、経営者がオーナーである場合が多く、会社に利益が出てもオーナー個人の所得税等のバランスから配当に回すことを避けるため、会社に利益を留保（株主に対する配当などを行わないこと）する傾向が強くなります。利益を配当するとオーナーの所得が増え、所得税が課されてしまうので、それを避けるために利益を会社内部に留保するわけです。

　しかし、それでは会社員や個人事業主との課税のバランスがとれません。そこで、留保金額が一定金額以上になると、通常の法人税とは別に10％から20％の特別の法人税が課税するという規定が設けられています。これを同族会社の留保金課税といいます。

　同族会社の留保金課税が課されるのは、特定同族会社（1株主グループの持株割合などが50％を超える会社のこと）が必要以上の利益を内部留保した場合です。ただし特定同族会社であっても、期末資本金額1億円以下で、資本金5億円以上の大法人に完全支配されていないなどの中小企業については、適用対象から除外されています。

■ 同族会社 ……………………………………………………

```
┌──────────┐
│  同 族 会 社  │
├──────────┤          ┌─────────────────┐
│（3人以下の株  │          │ 同族会社の留保金課税 │
│ 主グループの持 │─（規制）→ └─────────────────┘
│ 株割合が 50％  │          一定金額以上の留保金額に 10％〜20％の
│ を超える会社） │          特別の法人税を課税する
└──────────┘
                          ※株主グループの持株割合が 50％を超える
                            同族会社のみ留保金課税の適用あり

                          ┌─────────────────┐
                          │ 同族会社の行為計算否認 │
                          └─────────────────┘
                          恣意的な課税回避行為を否認する
```

第 3 章

法人税の
収益・費用の中身

1 益金はどのように計算するのか

「益金」は原則として企業会計の「収益」と一致する

益金とは

　法人税法における「益金の額」は、原則として、「一般に公正妥当と認められる会計処理の基準」に従って計算されます。

　つまり、益金の額とは、基本的には企業会計における収益の額（売上高、受取利息など）ですが、この収益の額に法人税法の目的に応じた一定の調整を加えた金額となります。

　法人税法では、益金の額を次のように規定しています。

① 資産の販売による収益の額

　商品や製品の販売による収益のことで、損益計算書では売上高に該当します。

② 有償又は無償による資産の譲渡による収益の額

　固定資産（土地、建物、機械など）や有価証券の譲渡による収益のことです。損益計算書では、営業外収益や特別利益にこれらが含まれています。

③ 有償又は無償による役務の提供による収益の額

　請負（建設業やソフトウェア制作業など）、金銭や不動産の貸付による収益のことです。損益計算書では、売上高、営業外収益に含まれます。

④ 無償による資産の譲受けによる収益の額

　資産を無償で取得した（たとえば小売業者がメーカーの負担で陳列販売コーナーを設置してもらう）場合の収益のことです。

　なお、債務免除も、経済的価値が流入することから、この類型に含まれます。

⑤　その他の取引で資本等取引以外のものによる収益の額

　①から④以外の取引から生じる収益のことです。資本等取引とは、株主からの出資によって会社の資本金や資本準備金を増加させる取引などのことをいいますが、この資本等取引は、益金とは無関係です。

　無償による資産の譲渡や役務の提供を益金とするのは、法人税法独特の考え方です。常識的には益金と考えられませんが、いったん資産を譲渡し、その譲渡代金を相手に手渡したと考えます。つまり、いったん収益が実現してすぐさま費用あるいは損失が発生したと考えるわけです。

　法人税法にこのようなルールがある理由は、益金と損金の性格を別々に考えなければならない点にあります。

　たとえば、会社がその土地を役員に贈与した場合、正当な代金を収受したものとしてその代金を役員に賞与（損金）として支給したと考えます。この考え方により、実際に売却しその代金を賞与として支給した場合との、課税の公平性を保つことができるわけです。

　なお、厳密には役員賞与は税務上原則として損金不算入であるため、この土地を役員に贈与する行為は、①まず土地を売却したとみなして発生する売却益が益金となり、②次にこれを役員に贈与した際に発生した費用（賞与）が損金不算入（45ページ）として税務調整（加算）される、ということになります。

益金の範囲はどこまでか

　益金の額に算入すべき金額は、「別段の定め」があるものを除き、資本等取引以外の損益取引（損益に関係する取引）から生ずる収益が益金の額になります。つまり法人税法上の益金は、「別段の定め」を除けば、企業会計上の収益と何ら変わりがないということです。会社で確定した決算の数字を基礎に、「別段の定め」として諸政策等に基づく独自の調整を行い、「所得金額」を計算するしくみになっていま

す。益金の額を計算する上での「別段の定め」には、「益金算入」と「益金不算入」があります。

「益金算入」とは、企業会計上の収益として計上されていないが、法人税法上益金として計上する項目です。会社更生計画に基づいて行う評価換えに伴う評価益などがあります。

一方、「益金不算入」とは、企業会計上の収益として計上しているが、法人税法上益金として計上しない項目です。たとえば、受取配当等の益金不算入、還付金等の益金不算入などがあります。

受取配当等の益金不算入は、配当の支払法人と受取法人の二重課税を避けるために設けられています。法人が支払う配当金については、支払法人側ですでに法人税が課税されており、配当を受け取った法人側で益金に算入すると、重複して課税されることになってしまうからです。

還付金等の益金不算入は、還付された税金は益金に算入されないという意味です。法人税・住民税の本税等は損金不算入ですので、反対に還付された場合も同じ扱いにする必要があるからです。

■ **益金の範囲** ………………………………………………………………

資産の販売による収益の額
有償又は無償による資産の譲渡による収益の額
有償又は無償による役務の提供による収益の額
無償による資産の譲受けによる収益の額
その他の取引で資本等取引以外のものによる収益の額

＋

別段の定め（益金算入、益金不算入）

2 損金はどのように計算するのか

「損金」は原則として企業会計の「費用」と一致する

損金とは

法人税法における「損金の額」は、原則として、「一般に公正妥当と認められる会計処理の基準」に従って計算されます。

つまり、損金の額とは、基本的には企業会計における原価、費用、損失の額（売上原価、給与、支払利息など）ですが、この費用の額に法人税法の目的に応じた一定の調整を加えた金額となります。

損金の範囲はどこまでか

法人税法では、損金の額に算入すべき金額は、「別段の定め」があるものを除き、次に掲げる金額とすると規定しています。

① その事業年度の売上原価、完成工事原価等の原価の額

② その事業年度の販売費、一般管理費その他の費用の額（償却費以外の費用でその事業年度終了の日までに債務の確定しないものを除く）

③ その事業年度の損失の額で資本等取引以外の取引に関するもの

①は企業会計上の売上原価その他の原価の額、②は企業会計上の販売費及び一般管理費、営業外費用、③は企業会計上の臨時的に発生した特別損失のことです。つまり、法人税法上の損金は、「別段の定め」を除けば、企業会計上の費用や損失と何ら変わりがありません。③における資本等取引とは、簡単にいえば会社の行う減資や剰余金の配当に関する取引を指します。これらは、損益取引に含めるものではありませんので、除外しているのです。

また、法人税法においては、費用を計上する際には、償却費以外の

費用は債務の確定しているものに限定しています。債務の確定とは次の要件のすべてに該当することをいいます。

・期末までにその費用に対する債務が成立していること
・期末までにその債務に基づく具体的な給付をすべき原因となる事実が発生していること
・期末までに金額を合理的に算定できること

　企業会計においては発生主義や保守主義の原則（予想される費用は早期に計上する）などから、費用の見越計上や引当金の計上を積極的に行わなければなりません。

　一方、法人税法が債務確定基準を採用しているのは、課税の公平を図るためです。

■「別段の定め」について

　法人税法は、会社の確定した決算を基礎に、課税の公平や諸政策等に基づく独自の調整項目による調整を行って、「所得金額」を計算するしくみをとっています。税法では、この調整項目を「別段の定め」として規定しています。損金の額を計算する上での調整項目は、「損金算入」と「損金不算入」です。申告調整の際、損金算入は利益から「減算」、損金不算入は利益に「加算」して、所得金額を計算します。

　損金算入とは、企業会計上の費用として計上されていないが、法人税法上損金として計上する項目です。具体的には、この項目には、①国庫補助金等で取得した固定資産等の圧縮額、②災害により生じた損失に関する欠損金額、③収用換地処分等の特別控除、④繰越欠損金などがあります。

　一方、損金不算入とは、企業会計上の費用として計上しているが、法人税法上損金として計上しない項目です。この項目には、①減価償却資産及び繰延資産の償却超過額、②資産の評価損（一定の場合を除く）、③寄附金及び交際費等の損金不算入額、④法人税、住民税、罰

金等、⑤各種引当金の繰入、⑥役員給与、役員退職金の過大支払分などがあります。

たとえば③の寄附金及び交際費等の損金不算入ですが、企業がその事業を営む際に、交際費や寄附金を支出することはほとんど不可避と考えられます。したがって、企業会計上、交際費や寄附金の支出が費用となることについては特に問題はありません。

これに対して、法人税法では、交際費及び寄附金については、本来損金算入すべきでないと考え、その全部または一部が損金不算入となる制度が設けられています。また、このような支出に歯止めをかけることによって、税収を確保することも大きな目的です。

■ 損金算入における別段の定め

別段の定め

損金算入 ----- 企業会計上の費用として計上されていないが、法人税法上損金として計上するもの

・国庫補助金等で取得した固定資産等の圧縮額
・災者により生じた損失に係る欠損金額
・収用換地処分等の特別控除

損金不算入 ----- 企業会計上費用として計上しているが、法人税法上損金として計上しないもの

・減価償却資産等の償却超過額
・資産の評価損（一定の場合を除く）
・寄附金等の損金算入限度超過額
・法人税、住民税、罰金等
・各種引当金の否認額

Q 損金経理とはどのようなものなのでしょうか。

A 損金経理とは、会社が決算において費用または損失として経理することをいいます。法人税算定の基礎となる課税所得を計算するにあたり、課税所得を減少させる費用や損失は損金の額に算入されます。しかし、この損金の額に算入できる項目の中には、損金経理が前提となっているものがあります。つまり、会社が決算において費用または損失として処理していなければ、課税所得を計算する上でも損金の額に算入することができないのです。具体的な例としては、役員に支給する退職金が挙げられます。役員退職金は、株主総会の決議等によって役員の退職金額が具体的に確定した事業年度において、適正な額を損金に算入するとされています。

ただし、特例として、会社が役員に対して退職金を実際に支払った事業年度においても、損金経理を行っている場合は、損金の額に算入することが認められているのです。裏を返せば、会社が役員に対して退職金を支払った事業年度においても、決算上役員退職給与を計上していなければ法人税の計算上も損金の額に算入することはできません。役員退職金以外では、固定資産の減価償却費についても損金経理が損金の額に算入するための要件になっています。減価償却費については、償却限度額の範囲内で、決算上費用に計上された金額が法人税計算上も損金として算入されます。

一方で、損金経理をしていなくても、法人税を計算するにあたり損金の額に算入できるものもあります。このような項目は、たとえ決算書上で費用または損失に計上していなかったとしても、申告書上で損金の額へ算入する調整ができます。たとえば、事業税は損金経理したかどうかに関わりなく申告書を提出した事業年度に損金算入されるため、前期分や中間申告分の事業税は損金の額に算入されます。

Q **会社が支払った保険料は、法人税法上どのように取り扱われるのでしょうか。**

A 　会社は、役員や従業員が事故にあった場合や病気となった場合のリスクに備え、生命保険に加入しています。それに際して、会社は生命保険料を支払っていますが、法人税法上、この生命保険料の取扱いはどうなるのでしょうか。生命保険にも定期保険や養老保険、終身保険などがありますが、その生命保険が掛け捨て型か貯蓄型か、また保険金を誰が受け取るかによって、法人税法上の取扱いも変わってきます。

　まず、掛け捨てとなる保険料について見てみましょう。役員や従業員が死亡したときのみ保険金が支払われる定期保険などが、これに該当します。基本的に、掛け捨て保険の保険料は、法人税法上損金に算入されます。ただし、保険料を何年か分まとめて一括で支払った時は、当期に対応する保険料のみ当期の損金に算入され、翌期に対応する保険料は繰り越されます。

　次に、積立型の保険について保険料の取扱いを見てみましょう。死亡時または満期時に保険金を受け取る養老保険が積立型保険に該当します。この積立型の保険の場合は、保険金の受取人が誰かによって法人税法上の取扱いも変わってきます。死亡時、満期時共に会社が保険金を受け取る契約内容である場合は、支払った保険料は資産計上されます。つまり、支払った保険料を損金に算入することはできません。死亡保険金及び満期保険金共に役員、従業員またはその遺族が受け取ることになっている場合は、その役員や従業員の給与として取り扱われます。死亡保険金を役員または従業員の遺族が受け取り、満期保険金を会社が受け取る契約となっている場合は、支払った保険料の2分の1は損金の額に算入され、残りの2分の1は資産計上されます。

Q 通勤費や海外出張費用は法人税法ではどのように取り扱われるのでしょうか。

A 通常、従業員は、給料とあわせて通勤費を受け取っています。従業員の立場からすると、通勤費に関しては非課税限度額までは所得税がかからないことになります。では、会社の立場では通勤費はどのような扱いになるでしょうか。通勤費を受け取った従業員側で所得税がかかる、かからないにかかわらず、会社は支払った通勤費を必要経費として損金の額に算入することができます。通勤費にかかわらず、給料など、従業員に支払われるものは基本的に損金の額に算入されます。

では、従業員に支払われる海外出張費用に関しても、通勤費のように損金の額に算入することができるのでしょうか。仕事で海外に渡航すると、旅費や宿泊費などがかかります。業務の遂行上必要なものであり、かつ、通常の業務に必要とされる範囲内であれば、それらの費用を必要経費として損金の額に算入することができます。一方で、業務の遂行上必要とされないような観光等に関わる費用は、原則として従業員の給料として扱われます。

問題は、業務上必要とされる費用と業務とは関係のない観光にかかる費用が混在している場合です。この場合は、業務に従事していた日数の割合等（業務従事割合）により、海外出張費用を按分します。業務従事割合は、以下の算式により求められます。

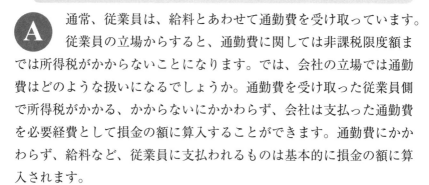

$$業務従事割合＝\frac{業務の遂行上必要と認められる期間}{業務の遂行上必要と認められる期間+観光をした期間}$$

海外出張費用が旅費に該当するかどうかを判定する際は、団体旅行の主催者や旅行目的、参加者の氏名等を具体的に説明する資料に基づき、海外視察等の動機や参加者の役職、業務への関連性などを十分に検討する必要があります。

3 売上原価とはどのようなものなのか

一会計期間に販売された商品の仕入原価である

売上原価とは販売した商品の仕入原価の合計である

　売上原価とは一会計期間の商品の売上総額に占める仕入の価格の総額のことです。一会計期間に仕入れた商品の仕入高がすべて売上原価となるのではありません。期末に残っている商品は在庫となり、商品として資産計上されますので、販売された商品に対する仕入価格の総額が売上原価となります。この関係を算式で示せば以下のとおりです。

> 売上原価 ＝ 期首商品棚卸高 ＋ 当期商品仕入高 － 期末商品棚卸高 （商品の数量×単価）

　この算式において、期首商品棚卸高は前の期間で算出した金額を、当期商品仕入高は購買実績をもとに求めることができます。そこで、期末商品棚卸高が算出されれば一会計期間の売上原価が算出できることになります。期末商品棚卸高を算出する方法には、3通りあります。

① 継続記録による方法

　商品ごとに仕入計上の記録（数量と単価）をすると共に、出荷の時点（その商品の売上が計上されたとき）にその払出数量と金額を記録しておく方法です。

　一会計期間の全商品の払出金額合計が、その会計期間の売上原価となります。個々の商品の仕入値は、一定している場合もあれば常時変動する場合もあります。出荷商品の原価を把握するためには、その商品にどの時点の仕入値をつけるかが問題となります。方法としては、先入先出法・移動平均法などが一般的に使われています。

② **実地棚卸による方法**

　期間中は受払いの管理はせず、期末に実地棚卸を行い、実際に商品を数え、それに一定の仕入値を掛けることで在庫金額を把握します。

③ **継続記録による方法と実地棚卸による方法の併用**

　実地棚卸による方法のみでは、商品のロス部分なども自動的に売上原価に含まれてしまい、正常な売上原価との区別ができなくなる可能性があります。したがって、継続記録による方法と実地棚卸を併用して、本来の在庫金額と実地棚卸高との差異を明らかにすることにより、精度の高い在庫管理が可能となります。

　なお、中小零細企業の場合、実地棚卸のみで在庫金額を把握しているのが実情です。個々の在庫の単価は「最終仕入原価法」といって、実地棚卸日から一番近い時点に仕入れたときの単価を使っている場合が多く、もし実地棚卸日の直前に商品単価が異常に変動すると、正常な仕入単価で購入した商品在庫も期末では異常な単価で評価されてしまうという問題点があります。

■ 売上原価の算出方法 ⋯⋯⋯⋯⋯⋯⋯⋯⋯⋯⋯⋯⋯⋯⋯⋯

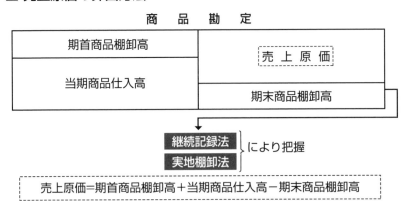

4

棚卸資産（商品・在庫）の評価について知っておこう

棚卸資産の評価イコール「売上原価」の確定である

棚卸資産をどう評価するか

決算時期になると、スーパーなどで「棚卸作業のため、本日の営業時間は…」という広告を見かけます。

棚卸の目的は、商品の在庫を調べるということと同時に、「売上原価」を確定させるという目的があります。「売上高」に対応する「売上原価」は、［期首商品棚卸高＋当期商品仕入高－期末商品棚卸高］で求めることができるので、期末商品の棚卸高をいくらにする（いくらで評価する）かによって売上原価の金額が違ってきます。売上原価が違ってくるということは、「売上総利益（粗利）」に影響を与えるということです。売上総利益（粗利）は、売上高から売上原価を差し引いて求めるからです。

このように、期末商品の評価額によって利益が違ってきますので、税法では、この棚卸資産の評価方法の種類を定めていて、税務署にどの評価方法を採用するか届け出るようにしています。

棚卸資産の評価方法はいろいろある

税法では、棚卸資産の評価方法を「原価法」と「低価法」に大別し、さらに「原価法」を6つに区分しています。具体的には①個別法、②先入先出法、③総平均法、④移動平均法、⑤最終仕入原価法、⑥売価還元法の6つです。「低価法」とは、「原価法」により算出した取得価額と時価のいずれか低い価額をもってその評価額とする方法です。

一方、企業会計上は、トレーディング目的で保有する場合は時価で評価し、通常の販売目的で保有する場合は取得価額と正味売却価額

（時価から見積追加製造原価及び見積販売直接経費を控除した額）のいずれか低い価額で評価するため、会計と税法で処理に差が生じる場合には税務調整が必要になります。

■ 棚卸資産の評価方法 ･･････････････････････････････････

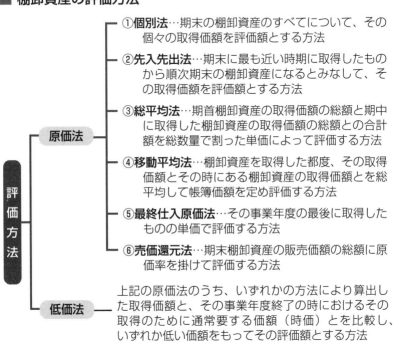

評価方法
- 原価法
  - ①**個別法**…期末の棚卸資産のすべてについて、その個々の取得価額を評価額とする方法
  - ②**先入先出法**…期末に最も近い時期に取得したものから順次期末の棚卸資産になるとみなして、その取得価額を評価額とする方法
  - ③**総平均法**…期首棚卸資産の取得価額の総額と期中に取得した棚卸資産の取得価額の総額との合計額を総数量で割った単価によって評価する方法
  - ④**移動平均法**…棚卸資産を取得した都度、その取得価額とその時にある棚卸資産の取得価額とを総平均して帳簿価額を定め評価する方法
  - ⑤**最終仕入原価法**…その事業年度の最後に取得したものの単価で評価する方法
  - ⑥**売価還元法**…期末棚卸資産の販売価額の総額に原価率を掛けて評価する方法
- 低価法 —— 上記の原価法のうち、いずれかの方法により算出した取得価額と、その事業年度終了の時におけるその取得のために通常要する価額（時価）とを比較し、いずれか低い価額をもってその評価額とする方法

※企業会計上は、トレーディング目的保有の場合は時価法、通常の販売目的保有の場合は取得価額と正味売却価額のうち低い価額で評価

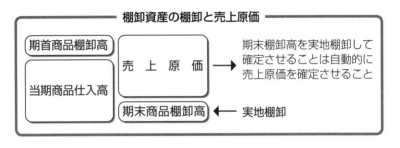

棚卸資産の棚卸と売上原価

期首商品棚卸高		
当期商品仕入高	売　上　原　価	→ 期末棚卸高を実地棚卸して確定させることは自動的に売上原価を確定させること
	期末商品棚卸高 ← 実地棚卸	

5 有価証券の評価について知っておこう

「売買目的有価証券」と「それ以外の有価証券」で評価方法が異なる

有価証券はどのように評価されるのか

　有価証券は、法人税法上所有目的に応じて、①売買目的有価証券、②満期保有目的等有価証券、③その他有価証券の3つに区分し、所有目的ごとに評価されることになっています。

　①売買目的有価証券に該当するのは、トレーディング業務を日常的に行う専門部署が特定の取引勘定を設けて売買を行う場合の有価証券です。具体的には、主に金融機関が適用の対象となります。また、一般の事業会社が短期的な有価証券投資を活発に行い、そのことがわかる勘定科目を設けている場合も売買目的有価証券に該当します。

　②満期保有目的等有価証券には、「償還期限の定めのある有価証券のうち満期まで保有する目的で取得したもの」の他、「企業支配株式」といわれる有価証券が該当します。「企業支配株式」とは、株式会社の特殊関係者等が保有する株式のことで、発行済株式総数の20%以上を保有する場合のその株式のことをいいます。

　③その他有価証券は、売買目的有価証券にも満期保有目的等有価証券にも該当しない有価証券です。一般の事業会社において、売買目的有価証券に区分される有価証券が少ないことを考えると、多くの有価証券がこれに該当することになります。

有価証券の評価方法は種類によって異なる

　売買目的有価証券の評価方法は、「時価法」（期末時点の価格による評価法）によります。満期保有目的等有価証券の評価方法は、「償還期限・償還金額の定めのある有価証券」と「企業支配株式」とでは異

なっています。その評価方法は、償還期限・償還金額の定めのある有価証券が「償却原価法」、企業支配株式が「原価法」です。「その他有価証券」の評価は「原価法」により行われます。

　なお、法人の有する有価証券のうち「上場有価証券」について「価額の著しい低下」があった場合、「上場有価証券以外の有価証券」について「発行法人の資産状態が悪化したため、価額の著しい低下」があった場合には、有価証券の評価損の損金算入が認められます。

　一方、企業会計上の有価証券の区分は、ⓐ売買目的有価証券、ⓑ満期保有目的の債券、ⓒ子会社株式及び関連会社株式、ⓓその他有価証券の４つであり、評価方法も法人税法とは若干異なっています。たとえば、企業会計上は、その他有価証券の評価は時価法で行い、時価と取得原価との評価差額については、次のいずれかの方法で処理することが求められています。

・評価差額の合計額を貸借対照表の純資産に直接計上する
・時価が取得原価を上回る銘柄に対する評価差益は貸借対照表の純資産に直接計上し、時価が取得原価を下回る銘柄に対する評価差損は損益計算書に評価損として計上する

■ 有価証券の評価方法 ………………………………………………

所有目的により評価方法が決まる

売買目的有価証券	----------------------------------	時価法
満期保有目的等有価証券	償還期限・償還金額のある有価証券 -----	償却原価法
	企業支配株式 ---------	原価法
その他の有価証券	----------------------------------	原価法

※企業会計上は、売買目的有価証券、満期保有目的の債券、子会社株式及び関連会社株式、その他有価証券の４つで分類

受取配当等の益金不算入について知っておこう

株式の保有割合等により益金の不算入割合が異なる

受取配当等の益金不算入とは

　前述したような有価証券などの発行会社から受け取った配当金については、会社の課税所得から、受け取った配当金の一定額を控除することができます。これを受取配当等の益金不算入といいます。

　そもそも配当金とは、会社が生み出した利益から税金を支払い、その残りを株主に分配したものです。そのため、それらの株主が受け取った配当金についても税金がかかるとなれば、二重に課税されることになってしまいます。この二重課税の弊害を排除するために、「受取配当等の益金不算入」をする必要があるのです。

　受取配当等には、株式会社などでの剰余金の配当として受け取るほか、投資信託の金銭の分配や、資産の流動化に関する法律に基づく一定の金銭の分配も含まれます。

益金不算入額の計算

　受取配当等は、必ずしも全額が課税所得から控除できるわけではありません。株式の保有割合等に基づき、次の4つの区分により受取配当等の控除額が変わります。

① **完全子法人株式等**

　株式等保有割合が100％のものであり、受け取った配当金の全額が益金不算入になります。

② **関連法人株式等**

　株式等保有割合が1/3を超えるものであり、受け取った配当金の全額から、関連法人株式等の取得に要した借入金等の利子を控除した額

が益金不算入になります。

③　その他の株式等

　株式等保有割合が5％超1/3以下のものであり、受け取った配当金の50％が益金不算入になります。

④　非支配目的株式等

　株式等保有割合が5％以下のものであり、受け取った配当金の20％が益金不算入になります。

▌短期保有株式等の益金不算入の対象外

　配当金を受け取る権利が発生する基準日以前1か月以内に株式を購入し、基準日後2か月以内に売却した場合（短期所有株式等）は、その株式からの配当金は益金不算入の対象外となります。これは、個人株主が配当の支払に係る基準日の直前に株式を配当含み価額で法人に譲渡し、配当の権利確定後に配当落価額で買い戻すことにより、法人が受けるその株式等に係る配当等の額は益金不算入となり、さらに法人における買入価額と売却価額との差額は損金の額に算入されるという、配当に関する課税回避を防止するために設けられたものです。

▌外国法人から受け取る配当金

　外国法人から受け取る配当金については、上記したような4つの区分による受取配当等の益金不算入の適用はありません。これは、外国法人の利益については日本の税金を課されていないことから、二重課税を排除する必要がないためです。

　ただし、会社が、発行済株式数等の25％以上を6か月以上引き続き直接保有している外国法人等から受け取った配当金については、その95％が益金不算入となります。

7 減価償却について知っておこう

その年度の損益を適正に算出するのが目的である

減価償却とは

　建物、機械、車両運搬具など、会社が長期にわたって事業に使用する資産を固定資産といいます。これらの固定資産は、時の経過や使用状況によって古くなったり、性能が落ちたりするため、徐々にその資産の価値が減少します。このような資産を減価償却資産といいます。減価償却資産には、建物や機械のような形のある資産（有形固定資産）以外にも、たとえば特許権やソフトウェアなど、形のない資産（無形固定資産）も含まれます。

　減価償却資産の取得価額は、その使用した全期間に獲得した収益に対応する費用と考えられることから、消耗品を購入したときのように、購入したときに全額を費用にすることは、適正な期間損益を計算する上で妥当な方法ではないとして認められていません。

　処理方法としては、まず、取得したときに取得価額で資産計上し、価値の減少分を耐用年数を用いた一定の計算に基づいて、その資産を使用する各期間に費用として配分します。この毎年費用化していく手続きが減価償却です。ただし、土地や借地権、電話加入権、書画骨董などのように、時が経過してもその価値が減少しないものについては、減価償却をすることはできません。

　減価償却費を各会社の自由にまかせると、著しく課税の不公平を生じさせることにつながりますので、税法では、減価償却の方法に一定のルールを設けています。つまり、資産の種類と使用目的により、「耐用年数等に関する省令」で法定耐用年数を定めています。

　また、資産の種類ごとに選択できる減価償却の方法を定めることに

よって、課税の公平を保ち、恣意性を排除しているわけです。

　減価償却によって費用化されるときには、実際のキャッシュの支出はありませんので、費用が計上されてもその分のキャッシュは残ります。

┃定額法と定率法が最も一般的である

　減価償却の方法には、定額法・定率法・生産高比例法・リース期間定額法などがありますが、償却方法として一般的なのは「定額法」と「定率法」です。

　定額法は、毎年の償却費が一定となる計算方法です。償却費は、資産の取得価額を基本にして、これに償却率を掛けて計算します。ただし、平成19年３月31日以前に取得した資産の場合は、取得価額から残存価額（取得価額の10％）を控除し、償却率を掛けて計算します。

　定率法は、初年度の償却費が最も多く、期間の経過に従って償却費が年々逓減（減少）する方法で、取得価額からすでに償却した累計額を控除した未償却算残高に償却率を掛けて計算します。

　なお、新たに設立した法人は、その設立事業年度の確定申告書の提出期限までに選択した償却方法を税務署に届け出ることになっていま

■ 減価償却とは ・・

機械や建物などの価値は、使用または期間の経過により減少する

取得価額を購入時に費用化するのではなく、耐用年数にわたって費用化する

減価償却

| 会計期間Ⅰ | 会計期間Ⅱ | 会計期間Ⅲ | 会計期間Ⅳ |

機械等の取得価額

す。また、平成10年4月1日以降に取得した建物については定額法を、平成28年4月1日以降に取得した建物附属設備及び構築物については法人税法上定額法を適用することになっています（鉱業用については定額法と生産高比例法との選択適用）。

▌少額の減価償却資産

取得価額が10万円未満の資産や、1年未満で消耗してしまうような資産については、減価償却資産にはせずに、事業に使った年度の費用として全額損金に算入させることができます。

▌税務上の特別な償却方法

法人税法上では、会計の考え方に基づいた償却方法の他に、経済対策、少子化対策など政策上の理由から、取得価額を特別に損金算入させることができる場合があります。

■ 減価償却資産の例 ・・・・・・・・・・・・・・・・・・・・・・・・・・・・・・・・・・・・

有形固定資産
- ❶ 建物及びその附属設備
- ❷ 構築物
- ❸ 機械及び装置
- ❹ 船舶
- ❺ 航空機
- ❻ 車両及び運搬具
- ❼ 工具、器具及び備品

無形固定資産
- ❶ 特許権
- ❷ 実用新案権
- ❸ 意匠権
- ❹ 商標権
- ❺ ソフトウェア
- ❻ 営業権（のれん）

8

資本的支出と修繕費について知っておこう

資本的支出は使用可能期間の延長、価値の増加をもたらす支出である

資本的支出と修繕費はどう違うのか

建物・車両運搬具・工具器具備品等は、使用していると故障したり破損したりします。これらの症状をなるべく少なくするためには、定期的な管理あるいは改良などが必要となってきます。

修繕費とは、今までと同様に使用するために支出する修理・維持管理・原状回復費用等をいいます。

資本的支出とは、その資産の使用可能期間を延長させたり、またはその資産の価値を増加させたりするために支出した金額をいいます。つまり、これは修理というより改良・改装等という言葉が合うものと考えてください。

たとえば、建物の避難階段の取付のように物理的に付加した部分にかかる金額、用途変更のための模様替えのように改装・改造に要した費用、機械の部品を取り替えることにより品質、性能をアップさせる費用などです。

修繕費は、各事業年度において、その支出した全額を損金の額に算入します。

資本的支出は、その支出する日の属する事業年度の所得金額の計算上、損金の額に算入することはできません。ただし、その資本的支出の金額は、固定資産計上して減価償却資産の減価償却費として損金経理（損金額への算入にあたって、あらかじめ法人の確定した決算において、費用または損失として経理を行うこと）により計算した場合には、その部分を通常の減価償却費と同様に損金の額に算入できます。

資本的支出と修繕費をどうやって区別するのか

　実務上、その使用可能期間の延長分や資産の価値増加部分を判断することは困難な場合が多いため、次の判断基準が設けられています。

①　少額または周期の短い費用の損金算入

　1つの修理、改良等が以下のどちらかに該当する場合には、その修理、改良等のために要した費用の額は、修繕費として損金経理をすることができます。

・1つの修理、改良等の費用で20万円に満たない場合

・その修理、改良等が概ね3年以内の期間を周期として行われることが明らかである場合

②　形式基準による修繕費の判定

　1つの修理、改良等のために要した費用の額のうちに資本的支出か修繕費かが明らかでない金額がある場合において、その金額が次のどちらかに該当するときは、修繕費として損金経理をすることができます。

・その金額が60万円に満たない場合

・その金額がその修理、改良等に関する固定資産の前期末における取得価額の概ね10%相当額以下である場合

■ 資本的支出と修繕費 ・・・・・・・・・・・・・・・・・・・・・・・・・・・・・・・・・・・・・

```
  修 繕 費  ------- 修理・維持管理・原状回復費用等
                            ↓
                         損金算入

 資本的支出  -------  {  使用可能期間を延長させる支出
                        資産価値を増加させる支出
                            ↓
                         資産計上
              （減価償却を通じて損金算入）
```

9

減価償却の方法について知っておこう

定額法、定率法、生産高比例法、リース期間定額法の4種類がある

減価償却の方法は法人か個人かによって異なる

減価償却の方法は、法人と個人で違いがあります。

個人の場合は、強制償却といって、必ず償却限度額を減価償却費として、必要経費に算入しなければなりません。

法人の場合は、任意償却といって、計算した償却限度額以内の減価償却費の計上であれば、ゼロつまり減価償却費を計上しなくてもかまいません。ただし、今期計上しなかった不足分を翌期に計上することはできません。

法人税法上の減価償却方法は4種類ある

法人税法では、資産の種類によって、以下の4種類の償却方法を定めています。

① **定額法**

減価償却資産の取得価額に、償却費が毎期同額となるように定められた資産の耐用年数に応じた償却率を掛けて計算した金額を、各事業年度の償却限度額とする方法です。平成19年3月31日以前に取得した資産については、償却限度額は、取得価額から残存簿価10％を控除した金額に償却率を掛けて計算します。

② **定率法**

減価償却資産の取得価額（2年目以後は取得価額からすでに損金経理した償却累計額を控除した金額）に、償却費が毎期一定の割合で逓減するように定められた資産の耐用年数に応じた償却率を掛けて計算した金額を、各事業年度の償却限度額とする方法です。

なお、平成19年4月1日以降平成24年3月31日までに取得した場合は「250％定率法」、平成24年4月1日以降に取得した場合は「200％定率法」という方法によって減価償却を行います。「○％定率法」とは、定額法の償却率の○％を定率法の償却率として使用するという意味です。たとえば、耐用年数が10年の定額法の償却率は0.1ですが、200％定率法の場合には0.2（0.1×200％）を使用することになります。さらに、その期の償却額が償却保証額（取得価額×保証率）を下回ってしまう場合には、その償却額は使用せずに、下回ったその期の期首の未償却残高を取得原価と見立てて、改訂償却率を使用して、定額法と同様の計算方法によってその期以降の減価償却費を算定します。

③　**生産高比例法**

　鉱業用の減価償却資産と鉱業権についてだけ認められている方法で、その事業年度の採掘量を基準として償却限度額を計算する方法です。

④　**リース期間定額法**

　リース期間を償却年数として、リース資産の取得価額から残価保証額を控除した残額をリース期間で各期に均等に償却する方法です。

■ 減価償却の方法 ……………………………………………

償却方法	償却限度額の算式		
定額法	取得価額 × 耐用年数に応じた定額法の償却率　※平成19年4月1日以降取得分		
定率法	（取得価額－既償却額）× 耐用年数に応じた定率法の償却率		
生産高比例法	$\dfrac{取得価額－残存価額}{耐用年数と採掘予定年数のうち短い方の期間内の採掘予定数量（見積総生産高）}$ ×		採掘数量（当期実際生産量）
リース期間定額法	リース資産の取得価額 × $\dfrac{当該事業年度のリース期間の月数}{リース期間の月数}$		

損金経理要件を満たさなければ損金に算入されない

　法人税法上、減価償却費として各事業年度の所得金額の計算上、損金の額に算入される金額は、確定した決算において減価償却費として損金経理をした金額のうち償却限度額に達するまでの金額とされています。

　損金経理の要件とは、企業会計で費用または損失として計上していないものは、法人税法上も損金算入できないというルールです。つまり、損金として認めてもらうためには、企業会計上の決算の際に必ず費用計上している必要があるということです。ある特定の支出に関して適用が義務付けられています。企業の意図的な税金調整を防ぐのが目的です。

　減価償却費の他には、たとえば、役員退職金、資産の評価損などに関しても、決算で費用または損失計上していなかった場合には、法人税の申告の際に申告調整（企業会計を、税金を計算するための会計に修正する際に損金に入れる行為）しても認められません。損金経理を適用される費用項目は、上記の他にもあり、いずれも、税法で具体的に定められています。

　一方、税法上、損金経理の適用を義務付けられていない支出に関しては、法的に債務が確定していれば、決算で費用計上していなくても、申告調整によって損金算入が認められます。つまり、税法で損金経理の適用を義務付けられていない支出の場合は、何もしなくても、法的にはすでに損金として認められているということです。

リース取引の取扱い

　リース取引とは、以下①②の要件を満たすものをいいます。

①　リース期間中の中途解約が禁止である、または中途解約をした場合の未経過期間リース料の概ね全部（90％以上）を支払うものである

②　賃借人がリース資産からの経済的な利益を受けることができ、かつ、資産の使用に伴って生ずる費用を実質的に負担すべきとされている

このようなリース契約を締結した場合、法人税法上は売買処理として取り扱われます。資産を購入するということは、その取得原価に対して減価償却を行うことになるわけですが、この時に用いられる計算方法は、そのリース資産の所有権が最終的に賃貸人のものになるのかどうかで異なります。償却額は、所有権移転リース取引の場合、その資産に応じて定額法、定率法、生産高比例法を用いて計算します。所有権移転外リース取引の場合、リース期間定額法を用いて計算します。

ただし、リース契約1件当たり300万円以下の所有権移転外リース取引、リース期間が1年以内の取引、上場企業等以外の中小企業のリース取引については、賃貸借処理が認められています。要するに、支払ったリース料を損金として算入できるということです。

次に、所有権が移転するのかどうかの判定方法ですが、以下の@〜@のいずれかに該当する場合は所有権移転リース、いずれにも該当しない場合は、所有権移転外リースです。

@ リース期間終了時または期間の中途において、リース資産が無償または名目的な対価で賃借人に譲渡される

⑥ 賃借人に対し、リース期間終了時またはリース期間の中途において、リース資産を著しく有利な価額で買い取る権利が与えられる

ⓒ リース資産の種類、用途、設置の状況から、その賃借人のみに使用されると見込まれるものまたはその資産の識別が困難であると認められるもの

ⓓ リース期間が、リース資産の耐用年数と比較して相当短いもの（耐用年数の70％を下回るなど）

所有権移転外リースに該当する場合、特別償却など一定の制度の適用が受けられないので、注意が必要です。

特別償却と割増償却

法人税では、一般的な減価償却の方法以外にも、特別償却、割増償

却という方法が認められる場合があります。いずれも会計上の理論的な根拠はなく、設備投資を促すなど政策上の目的で特別に認められた償却方法です。現在適用のある特別償却や割増償却の制度は様々ですが、いずれも通常の減価償却費より多めに損金算入することができ、適用した法人の納める税金が設備投資の初期段階で少なくなるようなしくみになっています。

　特別償却とは、一般的な減価償却方法に加えて一定の償却費を特別に損金算入できる方法をいいます。

　特別償却の具体例を挙げてみますと、中小企業投資促進税制があります。これは、中小企業が一定要件を満たす設備投資を行った場合に、税制面での優遇措置を受けることができるという制度です。優遇措置としては、特別償却または税額控除のいずれかを選択するという方法で行われます。特別償却を選択した場合、資産を取得した年に全額損金算入をすることができます。税額控除については61ページや63ページで説明していますが、いずれも中小企業の設備投資を後押しするための制度といえます。

　割増償却とは、通常の計算方法による減価償却額に一定率を掛けた額を加算して割増で損金に算入できる方法です。具体例を挙げてみますと、特定都市再生建築物の割増償却という制度があります。これは、令和5年3月31日までに特定都市再生建築物（都市再生特別措置法に規定する一定の認定計画に基づき整備される建物及びその附属設備）を取得した場合に適用されます。償却限度額は、取得をして事業に使用してから5年以内の日を含む各事業年度においては、普通償却額の25％または50％増しとなります。

　これらの制度を利用すると、税制面でも非常に有利になります。手続上、添付書類や証明書を準備する必要がある場合もありますので、新しい資産を取得した際には、該当する制度はないか確認しておくとよいでしょう。

中小企業者の特例

　中小企業者には、減価償却に関する特例が設けられています。取得価格が30万円未満の減価償却が必要な資産（建物、機械設備など、少なくとも１年以上にわたって使用するが、年月が経過するにつれて、価値が目減りしていくもの）を取得した場合には、取得価格の全額を経費として扱うことができます。これを少額減価償却資産といいます。経費扱いできる合計金額には上限があり、300万円までです。たとえば25万円の備品を12個購入した場合、全額損金算入できるというわけです。ただし、27万円の備品を12個購入した場合、合計で324万円となるわけですが、11個分297万円が損金算入の限度額となります。したがって、12個目のうち３万円だけ、などというような部分的な適用を行うことはできません。

　なお、当期が１年に満たない場合、300万円のうち12分の月数が限度額となります。

　特例の対象となる中小企業者とは、青色申告書を提出する資本金１億円以下の法人で、資本金１億円超の大規模法人に発行済株式の50％以上保有されていないなど、一定要件を満たす法人のことです。

　この制度は、令和６年３月31日までに事業に使用した資産に適用されます。

一括償却資産

　一括償却とは、取得価額が20万円未満の事業用資産をすべて合算して、償却期間36か月で損金に算入していくことをいいます。要するに、取得価額総額の３分の１ずつを毎年均等に費用化していくということです。一括償却の対象となる資産を一括償却資産といいます。一括償却は、青色申告書を提出していない場合にも適用できます。

10 耐用年数について知っておこう

固定資産の種類、用途、細目ごとに決められている

法定耐用年数とは

　耐用年数とは、資産が使用（事業の用に供する）できる期間のことです。物理的な面、機能的な面などを考慮して定められます。

　本来、固定資産は、同種のものであっても、操業度の大小、技術水準、修繕維持の程度、経営立地条件の相違などにより耐用年数も異なるはずです。しかし、そうした実質的な判断を認めると、会社の都合で勝手に決めることを認めることにもつながりかねません。これでは、税の公平という観点から好ましくありません。

　そこで、税法では、原則として、個々の資産の置かれた特殊条件にかかわりなく、画一的に定めた耐用年数にすることになっています。これを法定耐用年数といいます。税務上の法定耐用年数は、「減価償却資産の耐用年数等に関する省令」（一般に「耐用年数省令」といいます）で詳細に定められています。

　ただし、稼働状況により、実際の使用期間が法定耐用年数より10％以上短くなる場合には、納税地の所轄国税局長の承認を受けて、耐用年数を短縮することが認められています。

中古資産の耐用年数はどうやって計算するのか

　中古資産を取得して事業に使った場合、その資産の耐用年数は、法定耐用年数ではなく、その事業に使った時以後の使用可能期間として見積もることのできる年数にします。また、使用可能期間の見積りが困難であるときは、以下の簡便法により算定した年数にすることができます。

① **法定耐用年数の全部を経過した資産**

　その法定耐用年数の20％に相当する年数を耐用年数とします。

② **法定耐用年数の一部を経過した資産**

　その法定耐用年数から経過した年数を差し引いた年数に経過年数の20％に相当する年数を加えた年数を耐用年数とします。

　これらの計算により算出した年数に１年未満の端数があるときは、その端数を切り捨て、その年数が２年に満たない場合には２年とします。次に、具体的な計算例で説明します。３年８か月使用済みの普通車を中古で購入したとします。

　新品の普通自動車耐用年数：６年のため、②の耐用年数の一部を経過した資産に該当します。年数を月数に直して計算式にあてはめると、

　（新品の耐用年数72か月 − 経過期間44か月）＋（経過期間44か月 × 20％）＝36.8か月 ⇒ ３年0.8か月

　算出した年数に１年未満の端数があるため、切り捨てて、耐用年数は３年となります。

　また、その中古資産の再取得価額の100分の50に相当する金額を超える改良を行った場合など、一定の場合には耐用年数の見積りをすることはできず、法定耐用年数を適用することになります。再取得価額とは、中古資産と同じ新品のものを取得する場合の価額です。

■ **耐用年数** ………………………………………………………………

法定耐用年数 → 固定資産の種類・用途・細目ごとに画一的に定めた耐用年数

（課税の公平化の観点から恣意性を排除するもの）

税務上の法定耐用年数は「耐用年数省令」で詳細に定めている

11 リベートや広告宣伝、物流に関わる費用の取扱い

税法上費用として認められないものがある

▌リベートはどのように処理するのか

　「代理店などが販売目標を達成することなどを条件に、売上で受け取ったお金の中から、あらかじめ取り決めておいた金額を支給する」ことがあります。これをリベートといいます。リベート契約は、「販売報奨金」「奨励金」など、様々な名称で行われています。リベートを支払った場合は、売上割戻しとして、売上額から控除されます。

　リベートを支払うと、売上高が減ることになりますので、税務上は全額損金（法人税法上、課税される収入から差し引くことができる支出）として取り扱うことができます。しかし、リベートの額の算定基準がはっきりしていないときや、社会通念上合理的とはいえない額が計上されている場合、税務当局から損金算入を否認（経理処理上は経費としているが、税法上は収入から差し引く支出とは認められないこと）されることがあります。リベート（売上割戻し）として認められない場合、交際費（105ページ）、あるいは寄附金（108ページ）とされて、損金算入額が大幅に制限されてしまうことがありますので、注意しましょう。

　損金処理をするためには、まず客観的な基準でリベートの額が算定されていることが条件となりますので、契約書などの整備をしっかり行う必要があります。

▌広告宣伝費の取扱上の注意点

　街頭で新製品の試供品を配る活動は、その製品の宣伝はもちろん自社のイメージアップを図る目的で行われる販売促進活動です。これらにかかる費用は広告宣伝費として処理します。

広告宣伝費は、一般消費者を対象に、抽選や購入に対する謝礼として景品を配るためや旅行や観劇に招待するために要した費用です。これに対し、特定の人々を対象に広告宣伝の目的で経費を使った場合は広告宣伝費ではなく交際費（105ページ）になります。広告宣伝費は、事業遂行上必要な販売促進活動に使われる費用であるため、抑制しにくい経費のひとつに挙げられます。しかし、広告宣伝の効果が売上成績に表れているかどうかの判別は非常に困難です。さらに、損金不算入となる交際費とみなされない配慮が必要ですので、支出する際には慎重さが要求されます。また、広告看板や広告塔といった形で自社の宣伝を行う場合、それにかかる費用は比較的高額になります。①使用期間が1年を超える看板代、広告塔、②10万円を超える看板代、広告塔代、については費用として処理できず、資産として計上します。

　ただし上記①、②の場合、取得価額が20万円未満までのものについては、3年間で均等償却できる一括償却資産として、広告宣伝に要した金額を費用化できます。

物流費の取扱いではどんなことに気をつければよいのか

　大手ネット通販会社などでは、巨大な物流センターを擁し、そこから全国にハイスピードの流通ネットワークを構築しています。物流スピード、物流品質といった言葉は日常的に使われ、私たちの社会は物流の中で成り立っています。物流にかかる経費には以下のようなものが挙げられます。

・商品出荷、引取にかかる運賃
・商品の梱包資材費、運搬資材費
・倉庫管理を外部委託した場合の委託料

　これらの物流費は、売上の増加に比例して増加するため変動費に分類されます。変動費は、売上が伸びるほど増加するため、多額に上る物流費の削減が経営管理上重要になります。物流費は財務諸表上、損

益計算書の販売費及び一般管理費に費用分類されますが、以下の場合は資産に計上して費用処理しません。

① **商品や材料等の棚卸資産の仕入に対する運賃等**

　棚卸資産の取得に要したその購入本体価額以外の付随費用は原則として棚卸資産の取得価額に含めて処理します。ただし、棚卸資産の取得に要した運賃等の付随費用の合計額が、購入本体価額の概ね３％以内の金額である場合は、税務上費用として処理することができます。

② **設備機械等の固定資産の購入に関する運賃等**

　固定資産の取得に要した運賃等の付随費用は、原則として固定資産の取得価額に含めて処理します。

　①の場合、棚卸資産として計上された物流費は、その棚卸資産が外部に販売されたときに売上原価という費用に変わることで収益と対応します。②の場合、固定資産として計上された物流費は減価償却を通じて、その固定資産の耐用期間にわたって配分され、徐々に費用化されます。迅速かつ円滑な物流サービスを提供することは、時代の要請と共に、企業にとっての最重要課題のひとつです。様々な角度から、常に、物流コスト全体を見直す努力が必要だといえます。

■ **リベート、広告宣伝費、物流費の取扱い** ………………………

| リベート | 社会通念上合理的な算定ではない | → 交際費等で損金が制限 |

| 広告宣伝費 | 特定の者を対象 / 客観的な基準、合理的な額 / 不特定多数の者を対象 | → 通常の損金 |

| 物流費 | 商品の出荷、運搬等 / 棚卸資産、固定資産購入にかかるもの | → 資産の取得価額に算入 |

12 交際費になるものとならないものがある

冗費節約の見地から一定の金額は損金の額に算入されない

交際費等とは

　法人税法では、交際費等については、別段の定めにより一定の金額を損金不算入としています。そこで、交際費等の範囲が問題になります。交際費等とは、交際費、接待費、機密費その他の費用で、法人がその得意先、仕入先その他事業に関係のある者等に対する接待、慰安、贈答その他これらに類する行為のために支出するものをいいます。これらの交際費等は、法人の活動上必要な支出ではありますが、無条件に損金算入を認めてしまうのは望ましくなく、冗費節約の観点から損金算入の制限が設けられています。

損金不算入額はどのくらいになるのか

　交際費等の損金不算入額は、その法人が中小法人、大法人のいずれに該当するかによって異なり、以下のようになっています。

① **中小法人**

　中小法人とは、期末資本金が1億円以下で、かつ、期末資本金5億円以上の法人などとの間に完全支配関係がないものをいいます（完全支配関係とは、簡単にいえばその法人の株式をすべて保有されているような状態をいいます）。この場合は、その事業年度の支出交際費等の額のうち、800万円に達するまでの金額（定額控除限度額といいます）または飲食費（1人当たり5,000円以下の飲食費を除く）の50％のうち大きい額が損金算入されます。

② **大法人**

　大法人とは、上記①以外の法人です。この場合は、その事業年度の

支出交際費等の金額のうち、飲食費（1人当たり5,000円以下の飲食費を除く）の50％が損金算入されます。ただし、資本金100億円超の法人は全額損金不算入となります。

交際費等に含めなくてよい費用もある

　形式的には税務上の交際費等の範囲にあてはまる場合であっても、損金不算入となる交際費等には含めなくて差し支えないという費用が、次の通り限定的に列挙されています。

① 　もっぱら従業員の慰安のために行われる運動会、演芸会、旅行等のために通常要する費用

② 　カレンダー、手帳、扇子、うちわ、手ぬぐい、その他これらに類する物品を贈与するために通用要する費用

③ 　会議に関連して、茶菓、弁当、その他これらに類する飲食物を供与するために通常要する費用

④ 　新聞、雑誌等の出版物または放送番組を編成するために行われる座談会その他の記事の収集のために、または放送のための取材のために通常要する費用

　しかし、交際費と隣接費用（交際費と区別がしにくいが費用として

■ 交際費等の範囲 ･･････････････････････････････

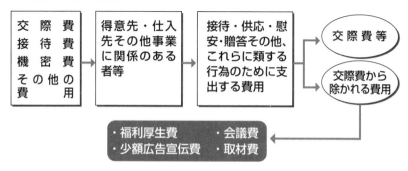

計上できるもの）との区分が明確でないことから、実際には隣接費用について交際費であると税務調査の際に認定されることも多く、その解釈や運用をめぐって様々な議論が行われてきました。

　そこで、現在は1人当たり5,000円以下の飲食費について交際費とは別扱いとして損金算入が認められています。

▌交際費を判断する上での注意点

　会社が支出した費用が交際費に該当するかどうかは、帳簿上での勘定科目ではなく、実質的な内容で判断されます。以下の費用については、取扱いを誤りやすいので、注意が必要です。

・販売促進費：販売に協力した取引先などに対し、金銭や物品を渡す場合があります。金銭や少額物品、自社製品は交際費に該当しません。高額物品や、旅行、観劇等への招待などは交際費に該当します。
・渡切交際費：役員などに対し、精算を要しない交際費を支給する場合、交際費ではなく給与として取り扱われます。
・タクシー代：接待などに使われたタクシー代は交際費に該当します。
・ゴルフクラブ：入会金が会社名義の場合、諸費用は交際費となります。プレー代は、業務遂行上必要なものであれば交際費となります。

■ 中小法人の損金の額に算入される交際費の額 ·················

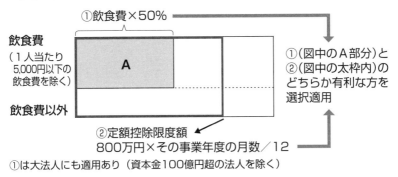

13 寄附金になるものとならないものがある

損金算入限度額以上は損金算入できない

寄附金とは

　寄附金は、反対給付を伴わない事業関連性に乏しい支出です。仮にこのような寄附金を無制限に損金として認めた場合、所得や税金の減少を招いて、結果的に国が法人に代わって寄附をしたのと同じことになるなどの理由から、一定の損金算入制限が設けられています。

　寄附金の額とは、金銭その他の資産または経済的な利益の贈与等をした場合における、その金銭の額あるいは金銭以外の資産の価額等をいいます。寄附金、拠出金等をどのような名称で行うのかは関係ありません。また、金銭以外の資産を贈与した場合や経済的利益の供与をした場合には、その贈与時の価額あるいは経済的利益を供与した時の価額が寄附金の額とされます。

　なお、一般常識に比べて明らかに低額で譲渡を行った場合にも、譲渡時の価額と時価との差額が、寄附金の額に含まれます。

損金算入時期はいつになるのか

　寄附金の額は、その支出があるまでの間、なかったものとされます。つまり、実際に金銭等により支出した時にはじめて、その支出があったものと認識されます。したがって、未払計上や手形の振出による寄附金で、未決済のものについては、損金に算入することはできません。

　また、法人が利益の処分として経理処理した寄附金については、国等に対する寄附金、指定寄附金及び特定公益増進法人に対する寄附金を除き、損金の額には算入されません。

損金算入には限度額がある

寄附金には、事業の円滑化や広報活動、公益的な慈善事業に対するものなど、社会一般の考え方から見てそれを損金として認めるべきものもあることから、目的によって損金算入できる金額が規定されています。

国等に対する寄附金及び財務大臣の指定した寄附金は、全額損金算入されます。一般の寄附金及び特定公益増進法人等に対する寄附金のうち、一定限度額を超える部分の金額は、損金の額に算入されません。

損金として算入できる寄附金の限度額は、以下の計算式で算定されます。

① 一般の寄附金

（期末資本金等の額×12/12×2.5/1000＋寄附金支出前の所得金額×2.5/100）×1/4

② 特定公益増進法人等

（期末資本金等の額×12/12×3.75/1000＋寄附金支出前の所得金額×6.25/100）×1/2

■ 寄附金の範囲 ………………………………………………………

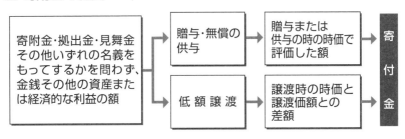

14 研究・開発にかかる費用の取扱い

細かい処理の積み重ねが大きな節税効果になる

研究・開発にかかる費用とは

　研究開発にかかる費用は、会計上と税務上では、その性格が異なります。会計上では、研究開発にかかる費用は研究開発費といい、従来にないものを創り出すための支出を指します。また、それに付随する調査費用や新たなしくみ作りの研究費用など、成果がまだ表われていない支出も含みます。

　他方、税務上は、研究開発にかかる費用を試験研究費といいます。税務上の試験研究費は、会計上の研究開発費より範囲が限定され、試験研究を行うために要する原材料費・専門的知識をもって専ら従事する者の人件費、経費、外部への委託費などです。

費用処理について

　会計上では、研究開発費はすべて発生時に費用処理しなければなりません。税務上では、その試験研究費は費用処理を強制はしていませんが、試験研究費として発生時に費用処理できます。ただし、その支出が製品の製造に直接関わる費用の場合は、製造原価に組み込まれ、売上原価または棚卸資産として計上されます。固定資産として処理した場合は、耐用年数に応じ、減価償却費として費用計上されます。

税法の優遇措置の活用

　試験研究費には税制上の優遇措置があります。法人税額から直接控除できる制度で、比較試験研究費（過去3年の試験研究費の平均値）、試験研究費割合（過去3年及び今期も含めた4年分の平均売上高に対

する試験研究費の占める割合）、増減試験研究費割合（試験研究費÷
比較試験研究費－1）などの指標に基づき、事業年度中の試験研究費
に対して要件により2～14％（令和5年度税制改正大綱では、1～
14％とされる予定）を掛けた金額と、その事業年度の法人税額の25％
（要件により最大で50％）のいずれか小さい額を税額控除できます。

より精緻な経理処理が重要になる

　研究開発にかかる費用は、支出内容が多岐に渡り、金額も多額とな
ることが想定されます。税法上の優遇措置を享受するためにも、これ
らの支出をより細かく管理するための工夫が必要になります。たとえ
ば、研究開発に対する予算設定と進捗管理など、明確な管理方法の策
定は、一見複雑に思われる試験研究費の税額控除制度における経理処
理の枠組みにスムーズにあてはめることを可能にするという点で重要
です。明確な管理方法の策定は経理処理をする上で有用な情報になる
ということができます。

■ 税務上の研究・開発費用と優遇措置 ……………………………

税務上の研究・開発費用
（令和3年4月1日から令和5年3月31日までに開始する事業年度）※

試験研究費（発生時に費用処理）
・研究のための原材料費
・専門知識をもつ研究従事者の人件費
・外部への委託費　　　　　　　　　　　　など

法人税の
優遇措置有り

① 試験研究費 × 一定割合（2％～14％）※
② その事業年度の法人税 ×25％（原則）（一定の場合最大50％）
いずれか小さい金額を法人税から控除

※令和5年度税制改正大綱では、適用期限が3年延長され、試験研究費の控除割合が従来の
　2～14％から1～14％に変更される予定

税金や賦課金などの取扱い

税務上は経費として認められないものもあるため注意が必要

様々な種類がある

　会社が支払う税金や賦課金は一般的に租税公課と呼ばれます。国や地方公共団体などが強制的に徴収する国税や地方税などの租税と、賦課金や罰金など租税以外のものである公課とをあわせた税金等の支払についての総称です。租税公課はその内容によって税務上、経費として認められないものもあるため、経理処理する上で注意が必要です。

　税務上、経費として認められる租税公課の主なものは、印紙税、固定資産税、都市計画税、不動産取得税、自動車税、軽油引取税、法人事業税、事業所税、確定申告書の提出期限延長に対する利子税などがあります。これらは損益計算書上の販売費及び一般管理費（法人事業税の所得割部分は、税引前当期純利益の後の「法人税、住民税及び事業税」）に計上されます。

　一方、税務上、経費として認められない租税公課は大きく３つに分類されます。まず、会社の利益処分に該当するものがあります。法人税や法人住民税がそれにあたります。これらは経理処理する勘定科目も租税公課ではなく、「法人税、住民税及び事業税」といった勘定科目を用いて、税引前当期純利益の計算には含めないのが一般的です。

　次に、罰則に該当するものがあります。法人税や法人住民税などの納付を延滞していた場合に課される延滞税や延滞金、加算税や加算金の他、交通違反時に発生する罰金などです。これらの罰則的なものは、経費として認められる他の租税公課と明確に区別するために、勘定科目を租税公課ではなく雑損失といった別の勘定科目で処理する場合もあります。さらに、法人税の予納と考えられるものがあります。法人

税や法人住民税、消費税の予定納税額や、預金利子や配当の受取時に生じる源泉所得税があります。予定納税額は決算申告時において、確定税額から差し引くため、仮払金勘定などを用いるのが一般的です。

消費税は経理処理方式によって扱いが異なる

消費税は、税込経理の場合には、売上時及び仕入時などは消費税を含んだ金額で売上高や仕入高などとし、決算において納付する消費税額を租税公課として費用処理され、税務上経費として認められます。

一方、税抜経理の場合には、売上時などに預かった消費税は仮受消費税、仕入時などに支払った消費税は仮払消費税という勘定科目を用いて経理処理し、決算においては仮受消費税から仮払消費税を差し引いた額を納税するため、納付する消費税額を租税公課勘定で処理することはありません。

■ 租税公課の種類と経理上の取扱い ……………………………

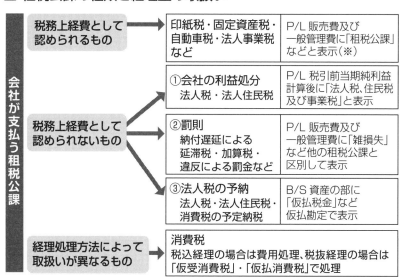

※法人事業税の所得割部分は、P/L 税引前当期純利益計算後の「法人税、住民税及び事業税」の中に含める

16 繰延資産について知っておこう

支出の効果が1年以上に及ぶものを繰延資産という

次期以後の期間に配分して処理される

繰延資産とは、法人が支出する費用のうち、その支出の効果が1年以上に及ぶもの（資産の取得費用及び前払費用を除く）をいいます。繰延資産は、減価償却資産のようにいったん資産計上し、その支出の効果が及ぶ期間にわたり、償却費として必要経費に算入します。なお、残存価額はありません。

繰延資産は、将来の期間に影響する特定の費用であって、次期以後の期間に配分して処理するため、便宜的に貸借対照表の「資産の部」に記載されます。

「将来の期間に影響する特定の費用」とは、すでに代価の支払が完了し、あるいは支払義務が確定し、これに対応する役務の提供を受けたにもかかわらず、その効果が将来にわたって現れるものと期待される費用のことです。

企業会計上の繰延資産と税法上特有の繰延資産がある

繰延資産は「資産」ですが、換金性のある財産ではありません。会社法では、このような無価値な資産の計上は、債権者保護の見地から基本的に認めていません。そこで、企業会計上は、創立費、開業費、開発費、株式交付費（新株発行費）、社債発行費等の5つを限定列挙する形で、繰延資産として認めています。企業会計上では、会計処理は原則任意（資産計上してもよいし、支出した期に全額を費用として処理してもよい）とし、資産計上したときは、比較的短期間（最長3〜5年。社債発行費は償還期間）での償却を求めています。

一方、法人税法による繰延資産は、大別して次の2つからなります。1つは、「企業会計上の繰延資産」であり、もう1つは、税法上特有の繰延資産です。具体的には、以下の費用が税務上特有の繰延資産となり、その支出の効果の及ぶ期間を税法で定めており、その期間にわたって償却していくことになります。

① 自己が便益を受ける公共的施設または共同的施設の設置または改良のための費用
② 資産を賃借しまたは使用するための費用
③ 役務の提供を受けるための費用
④ 広告宣伝用資産の贈与のための費用
⑤ その他自己が便益を受けるための費用

▎損金経理要件はどうなっているのか

法人税法上、償却費として各事業年度の所得金額の計算上、損金の額に算入される金額は、確定した決算において償却費として損金経理した金額のうち償却限度額に達するまでの金額とされています。

なお、税務上特有の繰延資産で20万円未満の支出については、支出時に全額損金算入することができます。

■ 税務上の繰延資産 ………………………………………

| 企業会計上の繰延資産 | ・創立費・開業費・開発費・株式交付費
・社債発行費等 |

| 法人税法特有の繰延資産 | ・自己が便益を受ける公共的施設または
　共同的施設の設置または改良のための費用
・資産を賃借しまたは使用するための費用
・役務の提供を受けるための費用
・広告宣伝用資産の贈与のための費用
・その他自己が便益を受けるための費用 |

17

貸倒損失について知っておこう

貸倒損失の成立要件について知っておく

貸倒損失とは

　取引先の財政状態の悪化や倒産などにより、まだ回収していない売掛金や貸付金などの金銭債権が戻ってこないことになると、その金額はそのまま会社の損失ということになります。いわゆる焦げつきですが、これを貸倒損失といいます。

どのような処理をするのか

　金銭債権は、貸借対照表上では資産として表示されます。お金が回収される見込みがないということは、その金銭債権は不良債権として残ったままとなってしまい、会社の正しい財政状態を表すことができません。そこで、貸倒れが発生した時に、次の仕訳で費用・損失の科目に振り替えます。

貸倒損失の計上

> （借方）貸倒損失／（貸方）売掛金・貸付金などの金銭債権

　この処理により、貸倒損失分の会社の資産及び儲けが減少します。貸倒損失として処理をした後にお金が回収できた場合は、「償却債権取立益」という科目に振り替え、その年度の収益として取り扱います。

償却債権取立益の計上

> （借方）現金及び預金／（貸方）償却債権取立益

どんな場合に認められているのか

　経費や損失が増えると会社の儲けは減り、その儲けに対して課される法人税も少なくなります。もし「負担する税金を少なくしよう」と考える会社があるのであれば、経費や損失はできるだけ多く計上しようと考えるはずです。災害や盗難のように誰の目から見ても明らかな事実とは性質が異なり、債権が回収できなくなったかどうか、つまり「貸し倒れたかどうか」については当事者にしか判断できないという一面があります。もし、ある会社は「税金を少なくしたい」ため1か月入金の遅れた売掛金を貸倒損失として処理し、一方で別の会社は実際に倒産してしまった会社の売掛金のみを貸倒損失として処理するというように、会社の意図が介入する余地があるようでは、税金の負担にも不公平が生じてしまいます。

　また、債権が回収不能であるかどうかの判断は前述のとおり難しく、会社側に判断を委ねてしまうと損益計算書の貸倒損失の計上額が状況によって異なることになり、国の税金確保の安定性が薄れてしまいます。このような理由から、貸倒損失をより客観的なものにするために、税務上は貸倒れが成立するための要件が設定されています。

　以下①〜③のいずれかの事実があったとき、貸倒損失として処理することが認められています。
① 　法令等により金銭債権が消滅する場合
② 　全額が回収不能の場合
③ 　売掛債権の貸倒れの場合

法令等により金銭債権が消滅する場合

　以下のような法令等に基づく事実により債権が切り捨てられたり免除されたりして、最終的に回収できないことになった金額を貸倒損失として処理します。
・会社更生法による更生計画または民事再生法による再生計画の認可

の決定があった場合

・会社法による特別清算に基づく協定の認可の決定があった場合
・債権者集会や金融機関等のあっせんによる当事者間の協議決定により債権放棄した場合
・債務者の債務超過の状態が相当期間継続し、弁済を受けることができないと認められる場合

　なお、この法令等により金銭債権が消滅する場合のケースに限り、会計上貸倒損失として処理をしなかった場合であっても、税金の計算上は当期の儲けから差し引いて計算します。

　たとえば、当期利益150万円で、これ以外に貸倒損失50万円が存在した場合、150万円－50万円＝100万円が、法人税が課税される対象となる課税所得（税法上の利益）となります。

全額が回収不能の場合（事実上の貸倒れ）

　法的な事実はないものの、売上先やお金を貸した相手など、債務者の財産状態、支払能力から回収ができないことが明らかな場合は、そ

■ 貸倒損失の計上が認められる３つの場合 ……………………

1. **法令等による貸倒れ**
   --- 法律上債権が消滅し回収不能となった場合
2. **事実上の貸倒れ**
   --- 債権者の資産状態などから見て全額が回収不能と認められる場合
3. **形式上の貸倒れ**
   --- 売掛債権について取引停止など一定の事実が生じた場合

回収の努力もしない安易な貸倒損失計上は、税務署から贈与（寄附）として扱われるリスクがある

の回収できない金額を貸倒損失として処理します。たとえば債務者が死亡・行方不明・被災などによって支払いができなくなったような場合です。ただし担保物がある場合はこれを処分し、その代金を控除した残金が、計上できる貸倒損失となります。

　担保物とは、抵当権などで担保されている不動産や取引の際に預かった保証金などのことです。

▌売掛債権の貸倒れ（形式上の貸倒れ）

　売上先に対する売掛債権については、次の2つのケースで、貸倒損失の処理が認められています。ここでは貸付金などの債権は含まれません。

　1つ目としてかつては継続して取引していたが、取引がなくなって1年以上経過している取引先に対する場合です。この場合、売掛債権から備忘価額（その資産が残っていることを忘れないための名目的な価額のこと）1円を帳簿上残して貸倒損失を計上します。

　たとえば未回収の売掛金が1,000円ある場合は次のようになります。

（借方）貸倒損失　999 ／（貸方）売掛金　999

　2つ目として遠方の取引先で、その債権の額よりも旅費交通費などの取立費用の方が上回ってしまい、かつ督促したにもかかわらず支払いがない場合です。この場合も同様に、備忘価額1円を残して貸倒損失を計上できます。なお、同一地域に複数の取引先がある場合、それらの合計の債権金額と取立費用で判断します。

　たとえばA県に事務所を置く会社（「甲社」とします）が、B県にC社、D社の2社得意先をもっていたとします。いずれの得意先の売掛金についても督促したものの支払いがありません。B県への交通費は1,000円、甲社のC社に対する売掛金は500円、D社に対する売掛金は800円です。取立てにかかる費用は交通費のみとします。

通常ではＣ社500円＜取立費用1,000円、Ｄ社500円＜取立費用1,000円となり、いずれの売掛金についても貸倒損失を計上できることになります。しかし、常識的に考えると時間と経費を使ってＣ社に出向いたのであれば、ついでにＤ社にも訪問するものです。

そこでこのような同一地域における債権については合算で判断します。したがって、この場合ではＣ社・Ｄ社の売掛金500円＋800円＝1,300円≧取立費用1,000円ということで、実際には貸倒損失は計上できないということになります。

▌貸倒損失を認定してもらうための対策と対処法

貸倒損失として認定されるには、その事実の客観性を保つことが必要となります。「①法令等により金銭債権が消滅する場合」の貸倒れ（117ページ）の中で、債務者の状態から弁済が困難であることが認められる場合には、債権放棄をしたことを通知する書面を内容証明郵便で送付する方法により、債権放棄をした事実を証明します。控えも保管しておくようにしましょう。相手が行方不明の場合でも、所在不明で戻ってきた封書をとっておきます。

118、119ページの「②全額が回収不能の場合」の貸倒れと「③売掛債権」の貸倒れについては、経理処理をしていなければ認定されませんので、決算処理を行うときには、金銭債権の処理もれがないか、よくチェックしましょう。

なお、③の貸倒れについては、継続取引があったことが前提であるため、不動産取引のようなたまたま行った取引による債権については、営業活動上の売上債権であったとしても、継続した取引とはいえないため適用されません。また、担保物がある場合は、取引がまったく停止しているとはいえないので適用されません。

いずれの場合においても、「いつ貸倒損失を計上するのか」ということも重要になってきます。法律による決定のあった日付や、全額回

収できないことが明らかになった日付、最後に契約・商品の受渡し・入金等の取引があった日から1年以上経過している日付など、根拠のある日付で計上します。

税務上においては、貸倒損失の事実が認められない場合は、会計上貸倒損失計上を行ったとしても、その取引先に対し債権金額相当の寄附をしたとみなされ、法人税がかかってしまうこともあります。税務上の貸倒損失が成立する要件を満たしているかどうかについては注意が必要です。

損益計算書にはどのように表示されるのか

貸倒損失の損益計算書上の表示場所は、販売費及び一般管理費・営業外費用・特別損失のいずれかになりますが、その貸倒損失の性質により異なります。

売掛金など営業上の取引先に対する貸倒損失は「販売費及び一般管理費」に、貸付金など通常の営業以外の取引で生じた貸倒損失は「営業外費用」に、損益計算書に大きく影響を与えるような、臨時かつ巨額な貸倒損失は「特別損失」に表示します。

■ 貸倒損失の表示

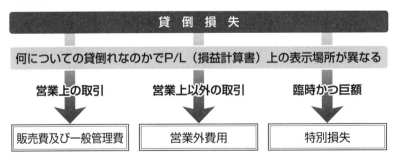

引当金・準備金について知っておこう

債務確定主義と引当金・準備金との関係

税法では、「販売費及び一般管理費」などの費用については、減価償却費を除き、期末までに債務が確定していないものは損金（費用）に算入できません。

たとえば、来期予定されている固定資産の撤去のための費用の見積額について、期末に企業会計上で費用計上しても、税務ではその費用を損金として認めません。これは、実際に固定資産の撤去が期末までに行われているわけではなく、その撤去費用を支払うべき債務が確定していないためです。このように、債務が確定した時点で費用に算入すべきであるという考え方を債務確定主義といいます。

税法では、債務確定主義が採られます。なぜなら、見積費用の計上は、恣意的にできる余地が大きいからです。もし、税務上もこのような見積費用を認めてしまうと、課税の公平を保つことができなくなります。

引当金・準備金は、将来発生する費用または損失に対して事前に手当しておくものです。税務上、債務確定主義の観点から、原則として見積費用は認められません。しかし、一切認めないというのも現実的ではないので、税務上定めた一定の種類の引当金・準備金についてだけ、繰入額である見積費用の損金算入を認めています。

引当金・準備金とは

会社の経営には様々なリスクがつきものです。将来突然発生するかもしれない費用や損失を見積り計算し、あらかじめ準備するためのお金のことを引当金といいます。次の処理で新たに見積った金額は費用

として計上します。引当金については「資産の部」のマイナス項目や「負債の部」として貸借対照表に表示されます。

（借方）○○引当金繰入／（貸方）○○引当金

準備金とは、経済政策などの要請から租税特別措置法によって認められているものです。引当金の計上とは異なり、青色申告法人に限って認められています。

■ 税務上例外的に計上できる貸倒引当金

企業会計は、正しい期間損益計算をすることが主な目的です。「当期の収益に対応する費用の計上」という費用収益対応の考え方から、以下の記述にもある貸倒引当金の他、賞与引当金、退職給付引当金など様々な引当金を計上する必要があります。中でも貸倒引当金は、最も身近な引当金だといえます。

しかし、税務上は、課税の公平という見地から、原則として引当金の計上を認めていません。

例外として税務上も認められる引当金には貸倒引当金があります。貸倒引当金は、売掛金などの将来の貸倒損失に備えるために計上するものです。ただし、貸倒引当金は、現在は後述する中小法人等その他の一部の法人にしか計上が認められていません。

■ 貸倒引当金とは

取引先の倒産などによる貸倒れもリスクの1つといえるでしょう。会社が保有する売掛金や貸付金などの金銭債権の中に、回収できない恐れのあるものが含まれている場合には、これに備えて引当金を設定します。これを貸倒引当金といいます。

では、会計上の貸倒引当金と税法上の貸倒引当金は違うのでしょうか。

会計上は、「取立不能の恐れがある」場合に貸倒引当金を計上します。債権を①一般債権、②貸倒懸念債権、③破産更生債権等、の３つに区分し、その区分ごとに貸倒見込額を計算します。

① 一般債権

　経営状態に重大な問題が生じていない債務者への債権です。

② 貸倒懸念債権

　経営破たんの状態には至っていないが債務の弁済に重大な問題が生じているまたはその可能性の高い債務者への債権です。

③ 破産更生債権等

　経営破たんまたは実質的に経営破たんに陥っている債務者への債権です。一方、法人税法上は、金銭債権を「個別評価金銭債権」と「一括評価金銭債権」の２つに区分し、その区分ごとに計算します。

・個別評価金銭債権

　事業年度の終了時において、貸倒れによる損失が見込まれる金銭債権を指します。 具体的には、会社更生法等の認可決定等による返済猶予などがなされた場合、債務超過が相当期間続いているような場合、法的手続の申立てなどがなされた場合の債権が該当します。

・一括評価金銭債権

　個別評価金銭債権を除く金銭債権を指します。

貸倒損失とはどう違うのか

　貸倒引当金は、まだ貸倒れの予測段階で計上されるものである一方、貸倒損失は、客観的にその事実が存在している損失であるという違いがあります。

　たとえば、ある取引先が会社更生法の適用により、当社に対する売掛金100万円のうち半分を切り捨て、残り半分は10年間の分割払いとする決定があったとします。切り捨てが決定された50万円については、回収できないことが明らかなので貸倒損失となります。残りの50万円

についてですが、支払いを受ける決定がされたものの、会社更生法が適用されたことで、もはや健全な取引先とはいえません。

　そこで回収不能を予測して設定するのが貸倒引当金です。まだ予測の段階なので、順調に支払いを受けた場合は、毎期その設定金額を見直していきます。

税務上貸倒引当金が認められるのはどのような場合か

　貸倒引当金の計上は、原則的には認められないことになっています。現段階で貸倒引当金の損金算入が認められるのは、以下に記述するような一定の法人等に限定されます。一定の法人等とは、①中小法人等、②銀行や保険会社などの金融機関、③リース会社など「一定の金銭債権を有する法人等」です。

　①の中小法人等とは、資本金等の額が1億円以下である普通法人のうち資本金等5億円以上の大法人等に完全支配されていないもの、公益法人等、協同組合等、人格のない社団等のことです。③の「一定の金銭債権を有する法人等」とは、リース会社、債権回収会社、質屋、クレジット会社、消費者金融、信用保証会社などが該当します。

税務上認められる準備金とは

　準備金は、引当金とは異なりその事業年度の収益と明確な因果関係を持っているものは少なく、むしろ偶発的な損失の引当てや政策的な性格を持つもので、一定の要件の下で一定額の損金算入が可能となっています。

　税法上設けることができる準備金は次のとおりです。主に、特定の業種に使用が限定されているといえます。
・海外投資等損失準備金
・中小企業事業再編投資損失準備金
・原子力発電施設解体準備金

・特定原子力施設炉心等除去準備金

・保険会社等の異常危険準備金

・原子力保険又は地震保険に係る異常危険準備金

・関西国際空港用地整備準備金

・中部国際空港整備準備金

・特定船舶に係る特別修繕準備金

・探鉱準備金又は海外探鉱準備金

・農業経営基盤強化準備金

　また、この他に、特別償却（63ページ）を損金経理ではなく「特別償却準備金」として積み立てて、かつ減算調整を行うことで、損金扱いとすることができます。

■ 税務上の引当金・準備金 ・・・・・・・・・・・・・・・・・・・・・・・・・・・・・・・・・

● 税務上の引当金

　⇒ 現在では貸倒引当金のみで、また中小法人等その他一部の法人しか計上が認められない

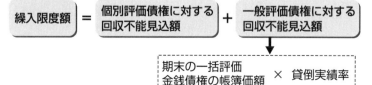

● 税務上の準備金

　⇒ 租税特別措置法により準備金を積み立てて損金算入が認められる

　　特定の事業等に対して設定する準備金 … 海外投資等損失準備金など

　　特別償却を行うために設定する準備金 … 特別償却準備金

19 役員報酬・賞与・退職金の処理はどのように行うのか

税務上、役員とは会社経営に従事している人をいう

税法上の役員は会社法上の役員より幅が広い

　法人税法では、役員を「法人の取締役、執行役、会計参与、監査役、理事、監事、清算人及び法人の使用人以外の者でその法人の経営に従事している者」としています。つまり、会社法上の役員はもちろん、使用人以外の相談役、顧問など会社の経営に従事している者、あるいは同族会社の使用人で、その会社の経営に従事している者のうち、一定の条件を満たす者も役員とみなされます。これら税法独自の役員をみなし役員と呼んでいます。また、会社法上の役員であっても、取締役経理部長のように使用人の地位を併せ持つ者のことを、税法上は特に使用人兼務役員といい、他の役員と区別しています。

損金算入できる役員給与の範囲

　法人がその役員に対して支給する給与（退職給与等を除く）のうち、損金算入されるものの範囲は、次の①〜③のようになっています。
① 　支給時期が1か月以下の一定期間ごとで、かつ、その事業年度内の各支給時期における支給額が同額である給与（つまり定期同額の給与）の場合
② 　所定の時期に確定額を支給する届出に基づいて支給する給与など（つまり事前確定届出給与）の場合
③ 　非同族会社または非同族会社の完全子会社の業務執行役員に対する利益連動給与で、算定方法が利益に関する指標を基礎とした客観的なものである場合
　①の定期同額給与は、期首から3か月以内の改定、臨時改定事由や

業績悪化などにより改定した場合には、改定前後が同額であれば定期同額給与に該当します。現金以外のいわゆる現物給与の場合、その額が概ね一定であれば定期同額給与に該当します。

②の事前確定届出給与とは、たとえば、年2回、特定の月だけ通常の月額報酬より増額した報酬（臨時給与、賞与）を支払う場合、支給額、支給時期等を事前に届け出ていれば損金算入が認められます。

なお、これらの給与であっても不相当に高額な部分の金額や不正経理をすることにより支給するものについては、損金の額に算入されません。

一方、役員に対して支給する退職給与については、原則として損金の額に算入されますが、不相当に高額な部分の金額は損金の額に算入されません。

役員退職金の損金算入

法人が役員に支給する退職金で適正な額のものは、損金の額に算入されます。その退職金の損金算入時期は、原則として、株主総会の決議等によって退職金の額が具体的に確定した日の属する事業年度となります。ただし、法人が退職金を実際に支払った事業年度において、損金経理をした場合は、その支払った事業年度において損金の額に算入することも認められます。

■ 定期同額給与と事前確定届出給与 ‥‥‥‥‥‥‥‥‥‥‥‥‥‥‥

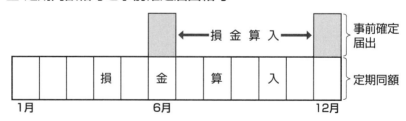

第 4 章

法人税の申告と
申告書の作成

1 決算とはどのようなものなのか

一定期間の収支の総計算をすることである

決算は何の目的で行うのか

　法人税を算出するためには、会社の利益を確定させる必要があります。決算とは、一定期間に会社が行った取引を整理し、会社の経営成績及び財政状況を明らかにするための手続きのことです。この一定期間を会計期間といいます。1年間（当期）における経営成績（＝損益計算書）と財政状態（＝貸借対照表）を報告するため、決算特有の調整や必要な集計を行うことが主な決算手続きの内容です。

　経理担当者が日々行っている経理業務は、すべて決算のためといっても過言ではありません。決算の作業は、試算表の作成や決算整理事項の整理、すべての帳簿類を締め切るなどの作業がありますが、これらはすべて最終的に貸借対照表や損益計算書といった決算書を作成するという目的に向かって進められます。決算をすることにより、会社内部の経営者や管理者たちは会社の経営状態を知り、今後どのように会社を経営していくのか、目標をどこに置くのかなどの経営目標を明確に設定することができます。このように、決算は、効率的かつ安全な経営活動を行うための管理統制の手段になるわけです。

　また、会社に出資している株主や債権者などの利害関係者にとっては、自分たちが出資したり、お金を貸している会社の経営状態が気になるのは当然のことです。今後、出資をしようと考えている投資家にとっても、その会社の経営状態や将来性は大いに気になるところです。

　そこで、決算を行い、外部の利害関係者に対して、会社の財政状態や経営成績を報告することによって、経営者の責任を明らかにするわけです。これらの目的を果たすために決算が行われます。

決算調整とはどんなものか

　決算を最終的に確定するためには、決算調整という手続きが必要になります。決算調整とは、決算で費用に計上されていなければ法人税法上も損金とすることができないものなど（決算調整事項）を、会社の決算で処理することです。この決算調整により、会社の決算利益が決まります。

　このように決算調整事項とは、法人税法上の所得の金額の計算において損金の額に算入するに際し、あらかじめ法人の確定した決算において費用または損失として経理を行うことが要件となっているものです。この確定した決算において費用または損失として経理を行うことを損金経理（78ページ）といいます。

　主な決算調整事項としては、以下のようなものがあります。
① 　減価償却資産の償却費の計上
② 　繰延資産の償却費の計上
③ 　一括償却資産の費用計上
④ 　貸倒損失の計上

■ 決算の概要 ……………………………………………………………………

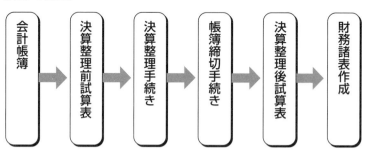

会計帳簿　→　決算整理前試算表　→　決算整理手続き　→　帳簿締切手続き　→　決算整理後試算表　→　財務諸表作成

財務諸表を作成するための一連の手続きを決算という

決算整理について知っておこう

正しい決算書を作成するための調整作業である

┃ 1年間の成績を決算で明らかにする

　決算の手続きは、大きく分けて予備手続きと本手続きからなります。

　予備手続きでは、主に棚卸表の作成や帳簿記録が正しいものであるかどうかの確認など、財務諸表作成の前段階として必要な集計を行います。本手続きでは、決算整理と呼ばれる作業により帳簿記録に必要な手続きを行い、会計の最終目的である報告の準備（財務諸表の作成）を行います。決算日が到来して帳簿を締め切った段階では、実はまだ正確な決算書は作成できません。

　決算整理とは、決算日現在の勘定科目残高に「決算整理仕訳」または「決算修正仕訳」と呼ばれる仕訳を追加して、各勘定科目を当期の正しい金額に調整していく作業のことをいいます。決算整理の具体例としては、売上原価の計算、貸倒引当金などの引当金の計上、費用・収益の見越し・繰延べ計上、減価償却費の計上などがあります。

┃ 棚卸表の作成と作成上のポイント

　製品や商品、材料などを保有する会社は、決算において棚卸表を作成します。棚卸表とは、期末時点で会社に在庫として残っている商品や自社製品（以後「棚卸資産」と呼びます）の有り高とその金額を一覧表にしたものです。棚卸表を作成する目的は、当期の正確な売上原価を計算するためであり、決算整理のための準備作業といえます。また、勘定残高と実際有高とを照合するための表でもあります。

　棚卸表については、特に決められたフォームはなく、会社の業態に応じて任意に作成できます。一般的には品名、品番、単価、数量など

を一覧で表示し、一番下に合計金額を記載するような形式となります。棚卸表は、いつ作成されたものであるが重要となりますので、「○月○日現在」と作成日の記載を忘れずに行うようにしましょう。

売上原価を計算する

　当期に仕入を行った金額の中には、実は翌期に販売する予定の商品の分も混在していることがあります。要するに棚卸資産です。反対に、前期の棚卸資産については、当期首以降に販売されています。つまり帳簿上の仕入勘定には前期分が入っていない代わりに、翌期分が混在してしまっている可能性があるということです。

　しかし、売り上げた分に対応した仕入金額が表示されていなければ、正確な利益は計算できません。そこで、前期の棚卸資産の金額を当期の仕入に加え、当期末の棚卸資産の金額を仕入から除外する決算整理仕訳を行うことで、売上分に対応した仕入金額を計算します。

　このように、決算整理によって当期の売上に対応する金額に修正された仕入金額のことを、売上原価といいます。通常では、決算整理前の試算表における「商品」勘定には、前期末の棚卸表による残高が表示されています。これを当期末現在の棚卸表の金額に修正するために、たとえば期首商品残高が5,000円、期末の棚卸による商品残高が4,000円である場合、以下のような決算整理仕訳を計上していきます。

仕入 5,000 ／繰越商品 5,000
繰越商品 4,000 ／仕入 4,000

　ただし、実務上の損益計算書では、「期首商品棚卸高」「当期商品仕入高」「期末商品棚卸高」と３項目に分けて、売上原価の計算過程も表示するのが一般的になっています。

引当金を計上する

　取引先が倒産して、売掛金や受取手形などの債権が回収できなくなる場合があります。回収できなくなってしまった債権は損失に振り替えるのですが、これを貸倒損失といいます。

　貸倒損失によるリスクに備え、損失となるかもしれない金額を予想して、あらかじめ計上しておく場合があります。このように、将来の損失に備えて計上するものを引当金といいます。貸倒れに対する引当金ですので、貸倒引当金という勘定科目を決算修正仕訳で追加します。この他、引当金には賞与引当金や退職給付引当金などがあり、必要に応じて計上します。

　貸倒引当金の設定は、簡単にいうと貸倒れになるかもしれない取引先から受けた債権金額を見積もって、債権残高からマイナスするという作業です。たとえば貸倒引当金を1,000円と見積もった場合、以下のような決算整理仕訳を行います。

貸倒引当金繰入 1,000 ／貸倒引当金 1,000

　「貸倒引当金繰入」額は費用に表示されます。つまり当期の利益を減少させる効果があります。一方、引当金は貸借対照表項目です。一般的に引当金勘定は負債に分類されるのですが、貸倒引当金の場合は「資産のマイナス勘定」として表示します。売掛金などの債権金額と対比させているというわけです。翌期首の処理としては、前期末に設定された引当金を以下の振替えにより取り消し、また期末に改めて設定し直すことになります。なお、「貸倒引当金戻入」とは、「貸倒引当金繰入」と裏表の関係の収益項目になります。

貸倒引当金 1,000 ／貸倒引当金戻入 1,000

収益・費用の繰延べ

　収益や費用について当期の収益・費用として処理するか、あるいは

翌期の収益・費用として処理するか、整理する必要があります。たとえば、期中に家賃3,000円を現金で受け取り、以下のような仕訳を行っていたとします。

（X 1年 期中）

現金 3,000 ／受取家賃 3,000

　しかし、この受取家賃が翌期に属すべき収益だった場合には、当期の収益として計上されるのは不適切です。このままだと、「受取家賃3,000円」という収益が、当期の収益として計上されてしまいます。そこで以下のような決算修正仕訳（収益の繰り延べ）を行います。

（X 1年 期末）

受取家賃 3,000 ／前受家賃 3,000

　この仕訳により、期中に計上された「受取家賃3,000」という収益は相殺されることになります（当期の収益として計上されない）。

　そして、翌期首に再振替仕訳を行うことで、「受取家賃」が翌期の収益として繰り延べられることになります。

▌収益・費用の見越し

　当期の費用や収益でも、まだ支払いや収入がされていないものについては計上されていない可能性があります。このような費用・収益も決算整理仕訳で計上する必要があります。これを「見越し」計上といいます。費用の見越し計上について具体例で見てみると、たとえば期中に締結した銀行借入れに対する利息2,000円を、翌期に支払ったとします。まだ支払いをしていないので、試算表上ではこの費用はまだ計上していません。

　しかし、時の経過と共に借入れのサービスに対する利息が発生しており、実際には当期の費用としなければなりませんので、以下のような決算修正仕訳を行います。

（X 1年 期末）

> 支払利息 2,000 ／未払利息 2,000

　次に翌期の処理です。翌期に利息が支払われた場合、通常であれば支払時に以下の仕訳を行います。

（Ｘ 2 年 期中）

> 支払利息 2,000 ／現金 2,000

　ところが、この支払利息は前年度の決算においてすでに計上されていますので、このままであれば重複計上となってしまいます。そこで、以下の振替仕訳を行うことで、当年度に計上された「支払利息2,000」という費用が相殺されることになります。

（Ｘ 2 年 期首）

> 未払利息 2,000 ／支払利息 2,000

減価償却費を計上する

　減価償却費の仕訳には、直接法と間接法の2つの方法があります。

（直接法）

> 減価償却費 50,000 ／車両運搬具 50,000

（間接法）

> 減価償却費 50,000 ／減価償却累計額 50,000

　直接法と間接法の違いは、貸借対照表上の償却資産（減価償却される資産）の価額表示方法です。直接法の場合は、「車両運搬具」という固定資産が直接減額され、期末の貸借対照表では減価償却後の「車両運搬具」残高が表示されます。

　他方、間接法の場合は、「減価償却累計額」という勘定科目に、毎年の減価償却費の累計額が記録されていきます。そして、貸借対照表ではこの「減価償却累計額」が「車両運搬具」と共に併記され、さらに差引後の実質価額も表示されることになります。つまり、間接法の場合は直接法に比べて、これまで減価償却されてきた額や、もともとの価額（取得原価）も表示されるという点で優れています。

3 法人税の申告書を作成する

会社の業務形態に応じて必要な別表を作成することになる

確定申告書を作成する必要がある

　会社が事業で稼いだ儲けには、法人税が課税されます。法人税の申告は、法人自らが税額を計算し、「法人税の確定申告書」を管轄の税務署へ提出する方法で行います。確定申告書の提出期限は、事業年度終了の日から2か月以内です。ただし、会計監査が終わらないため決算が確定しない場合には、申請により提出期限をさらに1か月延長することができます。

算出方法と申告調整

　法人税の計算は、決算で確定した「当期純利益」または「当期純損失」をベースにして行います。これに税法に基づいた調整計算を加え、課税されるべき所得の金額と、所得にかかる法人税額が算出されるというのが大まかな流れです。

　法人税法上の所得の計算は、会計規則に基づいて計算された当期純利益（または当期純損失）を基に行われますが、税法独自の計算を加える場合があります。これを申告調整といいます。申告調整には、所得に加算する「加算項目」と減算する「減算項目」があります。加算されるということは、所得が増え、当然ながらその分税金も増えるということです。反対に減算項目には、税金を減らす効果があります。

　ここで、税法用語について簡単に説明をしておきます。法人税法では、会計用語の言い回しが少し異なります。たとえば収益のことを「益金」、費用のことを「損金」、確定した決算において費用または損失として経理処理をすることを「損金経理」といいます。費用とは認

められず加算されることを「損金不算入」、費用計上が認められることを「損金算入」、収益として認識されないことを「益金不算入」といいます。

　さて、申告調整に話を戻します。加算項目には、たとえば損金経理をした法人税、減価償却の償却超過額、交際費等の損金不算入、法人税額から控除される所得税額などがあります。簡単に説明しますと、納付した法人税は「法人税等」などの科目で費用として計上されています。しかし、税法上は損金不算入であるため、加算されます。減価償却費は、損金経理を行った場合に税法上の限度額までの損金算入が認められています。ただし限度額を超えた部分については損金不算入となります。交際費についても税法上の限度額が設けられており、これを超えた部分は損金不算入となります。

　減算項目には、当期に申告書を提出した事業税等の金額や、法人税や所得税の還付金などがあります。事業税は、申告書を提出した事業年度において損金算入が認められています。一般的には前期末に「法人税等」として計上しているため、前期末においていったん加算調整した上で、翌期の損金として減算調整します。法人税等の還付金については、「雑収入」など収益に計上されています。しかし、そもそも法人税が損金不算入であるため、還付された場合も益金不算入として減算調整されます。

■ 法人税の所得計算 ………………………………………………………

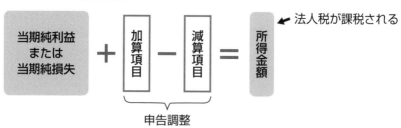

当期純利益
または
当期純損失
＋
加算項目
－
減算項目
＝
所得金額
← 法人税が課税される

申告調整

4 必ず作成する別表について知っておこう

別表一、二、四、五㈠、五㈡の５枚は必要

▌別表の作成

　法人税の確定申告書は、別表と呼ばれる複数の用紙で構成されています。別表の種類は税制改正による増減はありますが、現行では別表一から別表二十までとなっています。ただし、これらすべての別表を使うわけではありません。別表にはそれぞれの法人の状況に応じて、必ず作成が必要なものと、必要に応じて作成するものとがあります。

　なお、毎年の税制改正により、別表の様式も少しずつ異なります。用紙枠外の右端に、たとえば「令四・四・一以後終了事業年度分」など、適用年度が記載されています。こちらも申告する事業年度と一致しているかどうか確認する必要があります。

　別表の役割は、法人税のもとになる法人所得の計算と、法人税の計算です。どの法人も必ず作成が必要な別表は、別表一、二、四、五㈠、五㈡の５枚です。法人の所得は、別表四に申告調整金額を「加算」または「減算」して計算します。翌期以降の損金や益金として繰り越す場合には、別表五㈠に記録します。そして、法人税額を別表一で計算します。これら以外の別表では、主に申告調整計算などを行います。

　別表の作成手順についておおまかに説明しますと、まず個別の調整項目に関する別表の作成、次に別表四と五の作成、最後に別表一の作成という流れです。つまり別表一から番号順に作成するのではなく、別表四と別表五㈠を中心に、決算書の金額を転記しながら、複数の別表を同時進行で完成させていくイメージです。別表同士の関係については、141ページの関係図も参考にしてみてください。

　各別表の内容や作成要領については、作成する順番に従って説明し

ていきます。

その他の別表が必要になるケース

　別表一、二、四、五㈠、五㈡以外の別表は、必要に応じて作成することになります。主に、所得金額に加算または減算する調整金額を計算する目的で作成するものです。たとえば交際費が発生している会社であれば別表十五（161ページ）、減価償却資産を保有している会社であれば別表十六（162ページ）、というように、それぞれの内容に応じた別表を作成します。事例では、別表三㈠、六㈠、七㈠、十一㈠、十五、十六㈡について以下で見ていきます。これらの他にも、受取配当等の益金不算入額を計算する別表八㈠など、様々な別表が存在します。

　所得金額の調整計算以外にも、別表が必要な場合があります。たとえば同族会社等の判定を行う場合や、特別に加算される税額を計算する場合などです。加算されるケースでは、留保金課税（70ページ）という規定があり、別表三㈠（165ページ）で加算税額を計算します。

申告書に添付する添付書類

　「確定申告書」には、決算書を添付して提出します。通常の確定申告に添付が必要な決算書類は、「貸借対照表」「損益計算書」「株主資本等変動計算書」「勘定科目内訳明細書」です。決算書類は、株主総会の承認を受けて確定したものをそのまま使います。「勘定科目内訳明細書」とは、たとえば売掛金や買掛金の明細など、貸借対照表や損益計算書に表示されている勘定科目の内訳を示す書類です。一般的には、決算書類といっしょに作成されるものです。

　決算書以外の添付書類として、「法人事業概況説明書」も作成します。事業概況説明書は、税務調査のための準備資料として税務署へ提出する書類です。2ページにわたり記入する欄があり、1ページ目には事業内容、従業員の人数と構成、データの管理方法などの情報や、

決算における貸借対照表や損益計算書の概数を記入します。2ページ目には管理している帳簿や、月別の売上、仕入、人件費の金額などを記入します。

　税額控除や軽減税率など、租税特別措置法の適用を受ける場合には、「適用額明細書」（166ページ）の添付も忘れないようにしましょう。適用額明細書を添付する場合、別表一（154ページ）「適用額明細書提出の有無」欄にも「有」に印をつけます。

■ 別表同士の関係図

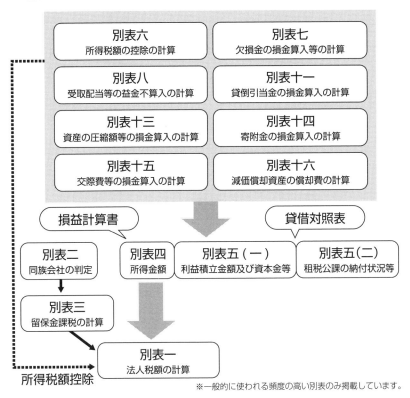

別表二を作成する

同族会社または特定同族会社に該当するかどうかを判定するための書類

別表二の作成

　この別表は調整金額そのものを計算するものではなく、法人が、税法上の「同族会社」または「特定同族会社」に該当するかどうかを判定するための書類です。

　同族会社とは、株主やその親族等で構成される株主グループの発行済株式や議決権の数が、上位３位までの合計で過半数を所有されている会社をいいます。また、特定同族会社とは、同族会社のうち、１つの株主グループで過半数の所有を占める会社です。ただし、資本金１億円以下の中小法人（資本金５億円以上の大法人に完全支配されているなどの一定の法人以外）は除きます。これらに該当しない会社を「非同族会社」といいます。

　これらの判定結果は、別表一にも記入する欄があります。「同非区分」の該当箇所に〇印を記入します。

同族会社の判定がなぜ必要なのか

　小規模な会社の場合、社長やその親族が株主となっている同族会社が多いのではないでしょうか。株主が経営者でもある場合、利益の処分方法が経営者の意のままになりやすいといえます。

　利益を配当として株主へ還元せず、会社内部へ貯める（留保）行為を抑制するため、法人税法では、一定の同族会社が限度額を超えて留保したお金に対しては特別に課税するという規定があります。これを「留保金課税」といいます。詳しくは153ページの別表三（一）で見ていきます。

このように、法人税法上、同族会社に対しては、非同族会社よりも厳しい規定が設けられています。

また、同族会社の場合、会計処理も経営者の自由に操作されやすいといえます。会計処理の操作による脱税行為などを抑制するために、同族会社の行為・計算の否認という規定があります。これは、「法人税を不当に減少させている」と認められる行為があるときは、税務署長が否認できるというものです。たとえば経費の計上を税務署長から否認された場合、その分法人税が増えるということになります。同族会社を牽制するための規定だといえます。

同族会社と役員

法人税法では、役員に支給する給与についてはいろいろな制約があります。一定要件を満たしていない給与や不相当に高額な給与については、経費算入が認められず、課税されてしまいます。また、退職金についても、不相当に高額であれば、同様に経費算入が認められず、課税されてしまいます。これは、役員給与等の支給額を増減させることによる利益操作を避けるためです。そのため、法人税法上においては、役員について定義付けがされています。法人税における役員とは、法人の「取締役、執行役、会計参与、監査役、理事、監事及び清算人並びにこれら以外の者で法人の経営に従事している者」です。たとえば顧問や相談役などの場合、実際に経営に携わっているかどうかで判断されます。つまり役職名に関係なく、経営に従事していると判断されれば役員の取扱いということになります。

同族会社の場合、株主である親族同士の合意により、あえて役員の肩書を外すという行為も可能です。このようなことが認められてしまえば不公平が生じてしまうため、同族会社で経営に従事している一定の株主については、肩書にかかわらずみなし役員ということで、役員として取り扱われることになります。

別表一の作成

　別表一は、別表四で計算した所得金額から、税額を計算する書類です。したがって、所得が確定して最後に作成することになります。別表一は法人税の他、地方法人税の確定申告書も兼ねています。また、事業年度・納税地・法人名などを記入し、確定申告書全体の表紙としての役割もあります。確定申告書として提出するのであれば、「申告書」の左の空欄に「確定」と記入します。

　租税特別措置法を適用して法人税額を減額する特例を適用する場合には、「適用額明細書提出の有無」の欄の「有」に印をつけて、その適用額明細書も添付する必要があります。また、事業種目（業種）や資本金の額、同族会社であるかどうかの区分、添付書類など必要事項はすべて記載します。「税務署処理欄」の「売上金額」にも記入が必要です。当期の売上高を百万円単位（端数は切り上げ）で記入します。

法人税額の計算

　別表一の内容ですが、まず、別表四によって算出した所得金額を記入します。期末資本金が１億円以下の中小法人は、年間所得800万円までに対して軽減税率が適用されます。そのため、別表一の２枚めにあたる「次葉」には800万円とそれを超える部分の金額とに分けて記入します。ただし、資本金５億円以上の大法人に完全支配されている法人については、軽減税率は適用されません。

　次に、所得金額に税率を掛けて計算した金額を記入します。ここで計算した「法人税額」の合計額を、「２」の「法人税額」に転記しま

す。租税特別措置法などによる税額控除の適用がある場合や、反対に、同族会社の留保金課税など課税される項目があれば、「3」以下で加減算し、「法人税額計」の計算を行います。

　所得税額控除や外国税額控除がある場合は、別表六で計算した金額を右上部分の「控除税額の計算」欄に転記します。「控除税額」欄にも記入し、最終的な法人税の年税額である「差引所得に対する法人税額」を計算します。控除税額の方が多く、控除しきれない金額がある場合は「控除しきれなかった金額」に記入します。控除しきれなかった部分については、右側の「この申告による還付金額」欄に記入し、還付されます。また、中間申告の納付税額がある場合、「中間申告分の法人税額」と、差引後の「差引確定法人税額」に記入します。「差引確定法人税額」が、この申告により納付すべき法人税額です。中間申告分の法人税額の方が多い場合は、還付されます。右側の「この申告による還付金額」欄に記入します。

　さらに、上記で計算した「法人税額計」に、留保金課税に対する法人税など一定のものを加減算して10.3％を掛けたものが地方法人税となります。地方法人税は、地域間の財政格差を縮小させる目的で、地方交付税の財源とする税金です。

　なお、別表一「次葉」には、法人税と同様に地方法人税の計算過程も記入します。

▌決算確定の日

　最後に忘れてはならないのは、一番下の「決算確定の日」欄です。ここには、株主総会で決算書の承認を受けた年月日を記入します。親族のみで構成された同族会社や一人法人では、実際に決算処理が終了した日付で差し支えありません。簡単なもので構わないので、株主が承認した旨を記録した株主総会議事録を作成しておくとよいでしょう。

別表四・別表五（一）を作成する

別表四と五㈠は関連性が強い書類といえる

別表四の作成

　別表四は課税されるべき所得金額を計算する表です。別表四にはすべての項目が表示された通常様式と、一般的な項目のみに省略された簡易様式があります。通常では簡易様式の法人の方が多いといえます。

　各別表から転記した調整金額を加減算して算出した、「所得金額又は欠損金額」の総額欄の金額が、法人税が課税されるべき所得金額になります。

　まず、一番上の「当期利益又は当期欠損の額」に、当期の損益計算書の「税引前」当期純利益または純損失の金額を記入します。これが法人税の計算のスタート地点になります。これに加算項目と減算項目を各別表等から転記して、所得金額を計算します。そして、この所得金額をもとに、別表一（144ページ）で当期の法人税を計算します。法人税と、住民税・事業税等の地方税が確定すると、別表四の「当期利益又は当期欠損の額」を「税引後」当期純利益に書き換えます。最後に加算項目の「損金の額に算入した納税充当金」欄に、未払法人税等として計上した当期の法人税・住民税・事業税の額を記入し、別表四は完成です。なお、納税充当金については、別表五㈡（148ページ）で説明します。

留保と社外流出

　別表四には、「処分」欄があり、加算・減算の調整計算を行う際に、「総額」欄に記入した上で、右側の「処分」欄で「留保」と「社外流出」とのいずれかに分類します。

調整項目の中には、会計処理と法人税法の取扱いとで、益金または損金の認識すべき時期が異なるために発生したものもあります。このような一時的な差異（一時差異）の場合、別表四の「処分」欄の②「留保」に記入すると共に、別表五㈠の「当期の増減」欄の③「増」にも転記します。たとえば減価償却超過額がこれに該当します。税法上の限度額を超えて計上した減価償却費は損金とは認められず、所得に加算されてしまいますが、翌期以降の所得から減算されることになります。差異が解消された場合には②「減」に記入します。そして最終的にこの差異は解消されます。このように、別表四と五㈠は、お互いにつながった存在だといえます。

　このような一時差異とは性質が異なり、解消されない差異もあります。これを永久差異といいます。たとえば交際費等の損金不算入額は、当期に加算されてそれでおしまいですから、永久差異に該当します。永久差異の場合は、別表四の処分欄は「社外流出」に記入します。この場合、別表五㈠への転記は必要ありません。

▌別表五（一）の作成

　別表五㈠は「税法上の純資産」の明細を表わします。別表五㈠の「利益積立金の計算に関する明細書」には、利益積立金や繰越損益金の他、前述したような「留保」された損金不算入額も含まれており、いわば税法上の純資産を構成します。前期から繰り越されたものを「①期首現在利益積立金額」に記入します。当期の増減欄では、当期に解消された項目を②「減」、発生した項目を③「増」に記入し、④の「差引翌期首現在利益積立金額」を計算します。未納法人税等には、前期分の納付と当期分の発生について記入します。

　「資本金等の計算に関する明細書」欄では、資本金や資本準備金など、法人の純資産に関する記入欄があります。これらの記入欄には、貸借対照表や株主資本等変動計算書から転記します。

8 別表五（二）を作成する

税金の発生とその支払状況などを明らかにするための書類

■ 別表五（二）の作成

　別表五㈡では、税金の発生とその支払状況、未払法人税等の繰入額と取崩額などの明細を明らかにする書類です。

　法人税、道府県民税、市町村民税、事業税、その他と区分されており、①から⑥までの欄にそれぞれ未納税額の期首残高、当期の増加と減少、期末の残高を記入するようになっています。③から⑤の「当期中の納付税額」には、税金を納付した時の経理処理方法に従って、いずれかの欄に記入します。未払法人税等のことを、税法用語で納税充当金といいます。税金を前期の納税充当金から支払った場合であれば③、「仮払税金」など仮払い処理で支払った場合であれば④、「租税公課」や「法人税等」など経費科目での損金経理であれば⑤に分類されます。

　法人税、道府県民税、市町村民税については、当期分の確定金額を記入する欄があります。これらの金額については、まずは法人税額の計算に必要な処理をすべて終えて、最後に作成することになります。

　事業税は、前期の確定申告と当期の中間申告の分のみ記入します。

　一番下の「納税充当金の計算」欄では、「未払法人税等」の期首残高、繰入額、取崩額を記入し、加減算して期末納税充当金を計算します。

　なお、罰金や過少申告加算税、延滞税などのペナルティとしての税金は損金算入が認められません。このような税金があれば「その他」欄の「損金不算入のもの」に記入し、別表四へ転記して加算調整を行います。

別表六（一）の作成

　預貯金の利子等からは、15.315％の源泉所得税が徴収されています。その内訳は、所得税15％および復興特別所得税0.315％です。これらの税金は法人税から控除することができます。計算方法としては、損金経理した税額を別表四で加算調整していったんなかったものとし、最終的に別表一で算出した法人税額等から控除（税額控除）するという方法によります。この場合、所得税額には復興特別所得税も含めて計算します。そのまま損金として経理することもできますが、税額控除を受けた方が納税者には有利です。

　所得税の税額控除の適用を受けるために作成するのが、別表六㈠（160ページ）です。別表六㈠では、利子等の種類に応じて、収入金額や源泉徴収された所得税額を記載します。

別表十五の作成

　会社が支出した交際費は原則として損金不算入であり、所得に加算されます。交際費とは、得意先との飲食や贈答のための費用です。ただし１人当たり5,000円以下の一定の飲食費については、この交際費から除かれます。

　「原則として損金不算入」と書きましたが、例外として、一定の損金算入限度額が定められている場合があります。まず資本金１億円以下の中小法人（資本金５億円以上の大法人に完全支配されている場合を除く）の場合、年800万円まで損金算入が認められます。次に、資本金１億円超の会社の場合、接待飲食費の50％までは損金算入が認め

られています。ただし、資本金100億円超の会社の場合は全額損金不算入となります。中小法人の場合、800万円と接待飲食費の50％とのどちらか有利な方を選択することが可能です。

別表十五では、支出した交際費の額と損金算入限度額を記入し、損金不算入額を計算します。

なお、課税売上割合が95％未満の課税事業者、及び課税売上高５億超かつ課税売上割合95％以上の課税事業者（210ページ）で、消費税を税抜き処理で行っており、課税売上のため以外にかかる交際費に対する消費税がある場合には、支出した交際費の額の中にこの消費税（控除対象外消費税）も含める必要があります。具体的には、個別対応方式（210ページ）を採用している場合は「非課税売上にかかる交際費に対する消費税＋課税売上・非課税売上共通の交際費に対する消費税×（１－課税売上割合)」、一括比例配分方式（210ページ）を採用している場合は「交際費に対する消費税×（１－課税売上割合)」を、支出した交際費に中に含めることになります。

■ 別表十六の作成方法

法人税法では、資産の種類や構造等に応じた償却方法や耐用年数を定めており、その方法で計算した償却額が、損金算入の限度額になります。この別表十六に減価償却の内容を記載して提出した場合、「減価償却費」として損金経理した金額のうち、限度額までの損金算入が認められます。なお、定額法は㈠、定率法は㈡というように、計算方法によって用紙が異なりますので注意してください。㈱緑商会の設例では、定率法による別表十六㈡（162ページ）を掲載しています。

別表には、資産の区分ごとの償却限度額及び当期に計上した償却額、償却限度超過額や償却不足額などを記入します。償却限度を超過した金額は、損金不算入であるため加算調整されます。反対に償却不足である場合、過去の償却超過額が残っているのであれば、限度額に達す

るまでの金額を損金に算入し、所得から減算することができます。超過額が発生した場合は、別表四で加算調整がなされます。

　また、別表五㈠の「利益積立金に関する明細書」にも、当期の「増」として記録します。減価償却の超過額による差異は、最終的には解消され、別表四で減算調整されるしくみになっています。

赤字の場合

　赤字が出た場合、一般的には法人所得もマイナスとなります。法人税法では、所得金額がマイナスとなることを欠損金といいます。欠損金がある場合、当然ながら当期の法人税もゼロです。中間申告による納付税額や、利子などから徴収された源泉所得税などがあれば、還付されます。

　また、継続して青色申告法人である場合、当期に発生した欠損金は、翌期以降に課税されるべき所得から控除することができます。これを繰越欠損金といいます。欠損金は、翌期以降10年間（平成30年3月31日以前に開始した事業年度は9年間）繰り越すことができます。繰越欠損金の金額は、別表七㈠に記録します。なお、災害による損失については、白色申告の場合も10年間（平成30年3月31日以前に開始した事業年度は9年間）繰り越すことができます。

　中小法人等の場合、前期が黒字であれば、当期の欠損金を前期に繰戻して還付を受けることもできます。この制度を、欠損金の繰り戻し還付といいます。いずれも青色申告書を提出している法人であることが要件です。中小法人等とは、期末資本金等の額が1億円以下の普通法人（資本金の額等が5億円以上の大法人と完全支配関係にある法人を除く）等をいいます。

　前期以前が赤字で当期が黒字である場合、前期以前の欠損金については、当期の所得の一定割合を限度として、所得から控除することができます。ちなみに、中小法人等の控除限度額は、所得の100％です。

当期控除額及び控除限度額の計算は、設例のナカムラ商事㈱の書式（163ページ）のとおり、別表七㈠で行います。別表七㈠で計算した当期控除額は、別表四の「欠損金又は災害欠損金等の当期控除額」欄に転記します。控除しきれず翌期繰越額があれば、別表一の「翌期へ繰り越す欠損金又は災害欠損金」欄にその金額を記載します。

▌債権の回収が困難になった場合

得意先が倒産してしまった場合、売掛金や手形など金銭債権が残っていれば、回収できない可能性が高くなります。回収できなくなった債権は、そのまま会社の損失になります。このような不良債権による将来のリスクに備え、回収の見込みの少ない金額を貸倒引当金として経費に計上する場合があります。

法人税法上、回収不能に陥るリスクの高い債権を「個別評価金銭債権」といいます。引当金計上については、債権の状態を大きく3つに区分し、個別に限度額が設けられます。たとえば民事再生手続きの申立中の債権や手形交換所の取引停止処分を受けた手形の場合、債権金額の50％が引当金計上の限度額です。限度額は別表十一㈠（164ページ）で計算し、限度額を超えている場合は、別表四の加算項目へ追加します。設例の㈱緑商会の場合、50万円の限度額を超えていないため、調整計算の必要はありません。その他のリスクの低い債権は「一括評価金銭債権」といいます。一括評価金銭債権についても、一定限度額まで引当金の計上が認められています。書式の掲載はありませんが、一括評価金銭債権については別表十一（一の二）を作成します。

以上が貸倒引当金の取扱いですが、資本金1億円以下の中小法人（資本金5億円以上の大法人に完全支配されていないもの）、銀行、保険会社などの一定の法人を除き、税務上貸倒引当金の計上を認めていません。

留保金課税が適用される場合

156ページの別表二で「特定同族会社」と判定された場合に、留保金課税がかかるかどうかの判定と、留保金課税の税額の計算を別表三㈠で行います。㈱緑商会の場合は資本金1億円以下であるため特定同族会社の要件を満たしません。設定を変更して、ナカムラ商事㈱の場合の書式（165ページ）で見ていきましょう。

留保金とは、会社が稼いだ利益のうち、配当として株主等に分配せずに内部に貯めたお金のことをいいます。法人税法上では、別表四「処分」欄の「②留保」の合計をベースにして、別表三㈠の「当期留保金額の計算」欄で留保金額を計算します。

まず、別表四一番下「52の②」の金額を「留保所得金額」欄へ転記します。しかし、ここにはまだ流出していないお金があります。当期の法人税・法人住民税と当期の配当です。見込み計算になりますが、これらの金額を差し引きます。反対に、前期の配当の支払いがあった場合は、足し戻します。加減算後の金額が「当期留保金額」となります。

特定同族会社の留保金額のうち、一定限度額までは課税されないことになっています。限度額のことを「留保控除額」といいます。留保控除額は、大雑把な説明になりますが、資本金等の4分の1から会社の純資産を構成する利益積立金を引いた差額（積立金基準額）、年2,000万円（定額基準額）、法人所得の40％（所得基準額）の3つの金額のうち、いずれか多い金額です。いずれも法人税法上の金額なので、別表四・五㈠の金額をもとに計算します。なお、留保控除額は別表三㈠の付表一に計算過程を記載します。

当期留保金額から留保控除額を差し引いて、「課税留保金額」を計算します。留保金に対する税率は、年3,000万円以下は10％、3,000万円超1億円以下の部分は15％、1億円超の部分は20％です。計算した金額は別表一「留保金」欄へ転記します。

令和 4 年 11 月 25 日

税務署受付印

品川 税務署長殿

納税地 **東京都品川区 XXX1-2-3**
電話（ 03 ）XXXX-XXXX

（フリガナ） カブシキガイシャ ミドリショウカイ

法人名 **株式会社 緑商会**

法人番号 **XXXXXXXXXXXXX**

（フリガナ） スズキ タロウ

代表者 **鈴木 太郎**

代表者住所 **東京都品川区 XXX1-2-4**

通算グループ整理番号
通算親法人整理番号
法人区分 ○
事業種目 **衣料品小売業**
期末現在の資本金の額又は出資金の額 **25,000,000** 円
同上が1億円以下の普通法人のうち中小法人に該当しないもの
同非区分 特定同族会社 同族会社 非同族会社
旧納税地及び旧法人名等
添付書類

青色申告 一連番号
整理番号
事業年度（至）
売上金額 **1 4 2**
申告年月日
通信日付印 確認 庁指定 局指定 指導等 区分
処理 年月日

令和 **03** 年 **10** 月 **01** 日
令和 **04** 年 **09** 月 **30** 日

事業年度分の法人税 **確定** 申告書
課税事業年度分の地方法人税 **確定** 申告書

中間申告の場合の計算期間 令和 年 月 日 令和 年 月 日

通算額明細書提出の有無 有
税理士法第30条の書面提出有 有
税理士法第33条の2の書面提出有 有

		金額			
所得金額又は欠損金額（別表四「52の①」）	1	1 0 5 0 0 0 0	控除税額の計算	所得税の額（別表六（一）「6の③」）	16	7 6 6
法人税額（52）+（53）+（54）	2	1 5 7 5 0 0		外国税額（別表六（二）「24」）	17	
法人税額の特別控除額（別表六（六）「5」）	3			計（16）+（17）	18	7 6 6
税額控除超過額相当額等の加算額	4	1 5 7 5 0 0		控除した金額（12）	19	7 6 6
課税土地譲渡利益金額（別表三（二の二）「24」+別表三（三）「20」+別表三（三）「25」）	5	0 0 0		控除しきれなかった金額（18）-（19）	20	
同上に対する税額（74）+（75）+（76）	6			所得税額等の還付金額（20）	21	
課税留保金額（別表三（一）「4」）	7	0 0 0		中間納付額（14）-（13）	22	
同上に対する税額（別表三（一）「8」）	8	0 0 0		欠損金の繰戻しによる還付請求税額	23	
法人税額計（2）-（3）+（4）+（6）+（8）	9	1 5 7 5 0 0		計（21）+（22）+（23）	24	
分配時調整外国税相当額及び外国関係会社等に係る控除対象所得税額等相当額の控除額（別表六（五の二）「7」+別表十七（三の六）「3」）	10			この申告による還付金額	この申告が修正申告である場合のこの申告により納付すべき法人税額又は減少する還付請求税額（64）	この申告による所得金額又は欠損金額（59）	25	
仮装経理に基づく過大申告の更正に伴う控除法人税額	11				26	0 0
控除税額（（9）-（10）-（11）のうち少ない金額）	12	7 6 6		欠損金又は災害損失金等の当期控除額（別表七（一）「4の計」+（別表七（四）「10」）	27	
差引所得に対する法人税額（9）-（10）-（11）-（12）	13	1 5 6 7 0 0		翌期へ繰り越す欠損金又は災害損失金（別表七（一）「5の合計」）	28	
中間申告分の法人税額	14					
差引確定法人税額（13）-（14）（中間申告の場合はその税額とし、マイナスの場合は（22）へ記入）	15	1 5 6 7 0 0				
所得の金額に対する法人税額（28）+（29）+（30）のうち（51）-	29	1 5 7 5 0 0		外国税額の還付金額（79）	42	
課税標準法人税額の計算	課税留保金額に対する法人税額（8）	30			中間納付額（40）-（39）	43	
	課税標準法人税額（29）+（30）	31	1 5 7 0 0 0		計（42）+（43）	44	
地方法人税額（57）	32	1 6 1 7 1	この申告が修正申告である場合のこの申告により納付すべき地方法人税額		所得の金額に対する法人税額（67）	45	
税額控除超過額相当額の加算額（別表六（二）付表六「14の計」）	33			課税留保金額に対する法人税額（68）	46	
課税留保金額に係る地方法人税額（58）	34			課税標準法人税額（69）	47	0 0 0
所得地方法人税額（32）+（33）+（34）	35	1 6 1 7 1		この申告により納付すべき地方法人税額（73）	48	0 0
分配時調整外国税相当額及び外国関係会社等に係る控除対象所得税額等相当額の控除額（別表六（二）「8」+別表十七（三の六）「3」）	36		剰余金・利益の配当（剰余金の分配）の金額				
仮装経理に基づく過大申告の更正に伴う控除地方法人税額	37		残余財産の最後の分配又は引渡しの日 令和 年 月 日	決算確定の日 令和 **0 4 1 1 2 1**			
外国税額の控除額（35）-（36）-（37）-（38）	38						
差引地方法人税額（35）-（36）-（37）-（38）	39	1 6 1 0 0					
中間申告分の地方法人税額	40						
差引確定地方法人税額（39）-（40）（中間申告の場合はその税額とし、マイナスの場合は（43）へ記入）	41	1 6 1 0 0					

還付を受けようとする金融機関等
銀行 本店・支店
金庫・組合 出張所
農協・漁協 本所・支所
ゆうちょ銀行の貯金記号番号
郵便局名等
預金 口座番号
※税務署処理欄

税理士署名

事業 年度等	3・10・1 4・9・30	法人名	株式会社 緑商会

法 人 税 額 の 計 算

(1) のうち中小法人等の年800万円相当額 以下の金額 12 ((1)と800万円×12/12のうち少ない金額)又は(別表 一付表「5」)	49	1,050, 000	(49) の15%又は19%相当額	52	157,500
(1) のうち特例税率の適用がある協同 組合等の年10億円相当額を超える金額 (1) −10億円×12/12	50	000	(50) の 22 % 相 当 額	53	
そ の 他 の 所 得 金 額 (1) − (49) − (50)	51	1,050, 000	(51)の19%又は23.2%相当額	54	

地 方 法 人 税 額 の 計 算

所得の金額に対する法人税額 (29)	55	157, 000	(55) の 10.3 % 相 当 額	57	16,171
課税留保金額に対する法人税額 (30)	56	000	(56) の 10.3 % 相 当 額	58	

こ の 申 告 が 修 正 申 告 で あ る 場 合 の 計 算

こ の 申 告 前 の 法 人 税 額 の 計 算	所 得 金 額 又 は 欠 損 金 額	59		地 方 法 人 税 額 の 計 算	こ の 申 告 前 の	所 得 の 金 額 に 対 す る 法 人 税 額	67	
	課 税 土 地 譲 渡 利 益 金 額	60				課税留保金額に対する 法 人 税 額	68	
	課 税 留 保 金 額	61				課 税 標 準 法 人 税 額 (67) + (68)	69	000
	法 人 税 額	62				確 定 地 方 法 人 税 額	70	
	還 付 金 額	63 外				還 付 金 額	71	
	この申告により納付すべき法人 税額又は減少する還付請求税額 ((15)−(62))若しくは((15)+(63)) 又は((63)−(24))	64 外 00				欠損金の繰戻しによる 還 付 金 額	72	
	欠 損 金 又 は 災 害 損 失 金 等 の 当 期 控 除 額	65				この申告により納付 すべき地方法人税額 ((41) − (70)) 若しくは((41) + (71) + (72)) 又は(((71) − (44)) + (72) − (44)の外書))	73	00
	翌 期 へ 繰 り 越 す 欠 損 金 又 は 災 害 損 失 金	66						

土 地 譲 渡 税 額 の 内 訳

土 地 譲 渡 税 額 (別表三(二)「27」)	74	0	土 地 譲 渡 税 額 (別表三(三)「23」)	76	00
同 (別表三(二の二)「28」)	75	0			

地 方 法 人 税 額 に 係 る 外 国 税 額 の 控 除 額 の 計 算

外 国 税 額 (別表六(二)「57」)	77		控除しきれなかった金額 (77) − (78)	79	
控 除 し た 金 額 (38)	78				

同族会社等の判定に関する明細書

事業年度又は連結事業年度	3・10・1 ～ 4・9・30	法人名	株式会社 緑商会

同族会社の判定

			内	
同族会社	期末現在の発行済株式の総数又は出資の総額	1	内	500
	(19)と(21)の上位3順位の株式数又は出資の金額	2		500
	株式数等による判定 (2)/(1)	3		100.0 %
	期末現在の議決権の総数	4	内	
	(20)と(22)の上位3順位の議決権の数	5		
	議決権の数による判定 (5)/(4)	6		%
	期末現在の社員の総数	7		
	社員の3人以下及びこれらの同族関係者の合計人数のうち最も多い数	8		
判定	社員の数による判定 (8)/(7)	9		%
	同族会社の判定割合 ((3)、(6)又は(9)のうち最も高い割合)	10		100.0

特定同族会社の判定

(21)の上位1順位の株式数又は出資の金額	11	
株式数等による判定 (11)/(1)	12	%
(22)の上位1順位の議決権の数	13	
議決権の数による判定 (13)/(4)	14	%
(21)の社員の1人及びその同族関係者の合計人数のうち最も多い数	15	
社員の数による判定 (15)/(7)	16	%
特定同族会社の判定割合 ((12)、(14)又は(16)のうち最も高い割合)	17	

判　定　結　果	18	特定同族会社 （同族会社） 非同族会社

判定基準となる株主等の株式数等の明細

順位 株式数等	順位 議決権数	判定基準となる株主（社員）及び同族関係者 住所又は所在地	氏名又は法人名	判定基準となる株主等との続柄	被支配会社でない法人株主等 株式数又は出資の金額 19	被支配会社でない法人株主等 議決権の数 20	その他の株主等 株式数又は出資の金額 21	その他の株主等 議決権の数 22
1		東京都品川区×××　1-2-4	鈴木 太郎	本　人			500	

所得の金額の計算に関する明細書（簡易様式）	事業年度	3・10・1 4・9・30	法人名	株式会社 緑商会	別表四（簡易様式）令四・四・一以後終了事業年度分

	区　　　　　分		総　　　額	処　　　　　　　分		
				留　　保	社　外　流　出	
			①	②	③	

御注意

2 1

「52」の「①」欄の金額は、「②」欄の金額に「③」欄の本書の金額を加算し、これから「※」の金額を加減算した額と符合することになります。

沖縄の認定法人の課税の特例等の規定の適用を受ける法人にあっては、別様式による別表四を御使用ください。

区　　　　　分		総　　額	留　保	社外流出
当期利益又は当期欠損の額	1	736,145 円	736,145 円	配当 円
				その他
加算	損金経理をした法人税及び地方法人税（附帯税を除く。）	2			
	損金経理をした道府県民税及び市町村民税	3			
	損金経理をした納税充当金	4	300,000	300,000	
	損金経理をした附帯税（利子税を除く。）、加算金、延滞金（延納分を除く。）及び過怠税	5			その他
	減価償却の償却超過額	6	17,889	17,889	
	役員給与の損金不算入額	7			その他
	交際費等の損金不算入額	8			その他
	通算法人に係る加算額（別表四付表「5」）	9			外※
		10			
	小　　　　計	11	317,889	317,889	外※
減算	減価償却超過額の当期認容額	12			
	納税充当金から支出した事業税等の金額	13	4,800	4,800	
	受取配当等の益金不算入額（別表八（一）「13」又は「26」）	14			※
	外国子会社から受ける剰余金の配当等の益金不算入額（別表八（二）「26」）	15			※
	受贈益の益金不算入額	16			※
	適格現物分配に係る益金不算入額	17			※
	法人税等の中間納付額及び過誤納に係る還付金額	18			
	所得税額等及び欠損金の繰戻しによる還付金額等	19			※
	通算法人に係る減算額（別表四付表「10」）	20			※
		21			
	小　　　　計	22	4,800	4,800	外※
仮　　　　計　(1)+(11)-(22)	23	1,049,234	1,049,234	外※
対象純支払利子等の損金不算入額（別表十七（二の二）「29」又は「34」）	24			その他
超過利子額の損金算入額（別表十七（二の三）「10」）	25	△		△
仮　　　　計　(23)から(25)までの計	26	1,049,234	1,049,234	外※
寄附金の損金不算入額（別表十四（二）「24」又は「40」）	27			その他
法人税額から控除される所得税額（別表六（一）「6の③」）	29	766		その他 766
税額控除の対象となる外国法人税の額（別表六（二の二）「7」）	30			その他
分配時調整外国税相当額及び外国関係会社等に係る控除対象所得税額等相当額（別表六（五の二）「5の②」＋別表十七（三の六）「1」）	31			その他
合　　　　計　(26)+(27)+(29)+(30)+(31)	34	1,050,000	1,049,234	外※ 766
中間申告における繰戻しによる還付に係る災害損失欠損金額の益金算入額	37			※
非適格合併又は残余財産の全部分配等による移転資産等の譲渡利益額又は譲渡損失額	38			※
差　　　　引　(34)+(37)+(38)	39	1,050,000	1,049,234	外※ 766
更生欠損金又は民事再生等評価換えが行われる場合の再生等欠損金の損金算入額（別表七（三）「9」又は「21」）	40	△		△
通算対象欠損金額の損金算入額又は通算対象所得金額の益金算入額（別表七の三「5」又は「11」）	41			※
差　　　　引　(39)+(40)+(41)	43	1,050,000	1,049,234	外※ 766
欠損金又は災害損失金等の当期控除額（別表七（一）「4の計」＋別表七（四）「10」）	44	△		※ △
総　　　　計　(43)+(44)	45	1,050,000	1,049,234	外※ 766
残余財産の確定の日の属する事業年度に係る事業税及び特別法人事業税の損金算入額	51	△	△	
所得金額又は欠損金額	52	1,050,000	1,049,234	外※ 766

利益積立金額及び資本金等の額の計算に関する明細書

事業年度	3·10·1　4·9·30	法人名	株式会社 緑商会

別表五（一）　令四・四・一以後終了事業年度分

I　利益積立金額の計算に関する明細書

区　分		期首現在利益積立金額 ①	当期の増減　減 ②	当期の増減　増 ③	差引翌期首現在利益積立金額 ①－②＋③ ④
利 益 準 備 金	1	円	円	円	円
別 途 積 立 金	2	2,000,000			2,000,000
減 価 償 却 超 過 額	3			17,889	17,889
	4				
	5				
	6				
	7				
	8				
	9				
	10				
	11				
	12				
	13				
	14				
	15				
	16				
	17				
	18				
	19				
	20				
	21				
	22				
	23				
	24				
繰 越 損 益 金（損 は 赤）	25	1,120,000	1,120,000	1,756,145	1,756,145
納 税 充 当 金	26	202,300	202,300	300,000	300,000
未納法人税及び未納地方法人税（附帯税を除く。）	27	△ 15,000	△ 15,000	中間 △ 確定 △172,800	△ 172,800
未払通算税効果額（附帯税の額に係る部分の金額を除く。）	28			中間 確定	
未納道府県民税（均等割額を含む。）	29	△ 182,500	△ 182,500	中間 △ 確定 △81,000	△ 81,000
未納市町村民税（均等割額を含む。）	30	△	△	中間 △ 確定 △	
差 引 合 計 額	31	3,124,800	1,124,800	1,820,234	3,820,234

II　資本金等の額の計算に関する明細書

区　分		期首現在資本金等の額 ①	当期の増減　減 ②	当期の増減　増 ③	差引翌期首現在資本金等の額 ①－②＋③ ④
資 本 金 又 は 出 資 金	32	25,000,000 円	円	円	25,000,000 円
資 本 準 備 金	33	5,000,000			5,000,000
	34				
	35				
差 引 合 計 額	36	30,000,000			30,000,000

御注意

この表は、通常の場合には次の算式により検算ができます。

期首現在利益積立金額合計「31」① ＋ 別表四留保所得金額又は欠損金額「52」 － 中間分・確定分の法人税等、道府県民税及び市町村民税の合計額 ＝ 差引翌期首現在利益積立金額合計「31」④

中間分・確定分の通算税効果額の合計額

158

租税公課の納付状況等に関する明細書

事業年度　3・10・1　4・9・30　　法人名　株式会社 緑商会

別表五（二）令四・四・一以後終了事業年度分

税目及び事業年度			期首現在未納税額①	当期発生税額②	当期中の納付税額			期末現在未納税額①+②-③-④-⑤ ⑥
					充当金取崩しによる納付③	仮払経理による納付④	損金経理による納付⑤	
法人税及び地方法人税	・・	1	円			円	円	円
	2:10:1 3:9:30	2	15,000		15,000			0
	当期分 中間	3		円				
	当期分 確定	4		172,800				172,800
	計	5	15,000	172,800	15,000			172,800
道府県民税	・・	6						
	2:10:1 3:9:30	7	182,500		182,500			0
	当期分 中間	8						
	当期分 確定	9		81,000				81,000
	計	10	182,500	81,000	182,500			81,000
市町村民税	・・	11						
	・・	12						
	当期分 中間	13						
	当期分 確定	14						
	計	15						
事業税及び特別法人事業税		16						
	2:10:1 3:9:30	17		4,800	4,800			0
	当期中間分	18						
	計	19		4,800	4,800			0
その他 損金算入のもの	利子税	20						
	延滞金（延納に係るもの）	21						
	印紙税	22		160,000			160,000	0
		23						
その他 損金不算入のもの	加算税及び加算金	24						
	延滞税	25						
	延滞金（延納分を除く。）	26						
	過怠税	27						
	源泉所得税	28		766			766	0
		29						

納税充当金の計算

繰入額				取崩額			
期首納税充当金	30	202,300 円		その他	損金算入のもの	36	円
損金経理をした納税充当金	31	300,000			損金不算入のもの	37	
	32					38	
計 (31) + (32)	33	300,000			仮払税金消却	39	
取崩額 法人税額等 (5の③)+(10の③)+(15の③)	34	197,500			計 (34)+(35)+(36)+(37)+(38)+(39)	40	202,300
事業税及び特別法人事業税 (19の③)	35	4,800		期末納税充当金 (30)+(33)-(40)		41	300,000

通算法人の通算税効果額又は連結法人税個別帰属額及び連結地方法人税個別帰属額の発生状況等の明細

事業年度		期首現在未決済額①	当期発生額②	当期中の決済額		期末現在未決済額⑤
				支払額③	受取額④	
・・	42	円	円	円	円	円
・・	43					
当期分	44		中間 円 確定			
計	45					

所得税額の控除に関する明細書

| 事業年度 | 3·10·1
4· 9·30 | 法人名 | 株式会社 緑商会 |

区　　　分		収　入　金　額 ①	①について課される 所　得　税　額 ②	②のうち控除を受ける 所　得　税　額 ③
公社債及び預貯金の利子、合同運用信託、公社債投資信託及び公社債等運用投資信託（特定公社債等運用投資信託を除く。）の収益の分配並びに特定公社債等運用投資信託の受益権及び特定目的信託の社債的受益権に係る剰余金の配当	1	円 5,002	円 766	円 766
剰余金の配当（特定公社債等運用投資信託の受益権及び特定目的信託の社債的受益権に係るものを除く。）、利益の配当、剰余金の分配及び金銭の分配（みなし配当等を除く。）	2			
集団投資信託（合同運用信託、公社債投資信託及び公社債等運用投資信託（特定公社債等運用投資信託を除く。）を除く。）の収益の分配	3			
割　引　債　の　償　還　差　益	4			
そ　　　の　　　他	5			
計	6	5,002	766	766

剰余金の配当（特定公社債等運用投資信託の受益権及び特定目的信託の社債的受益権に係るものを除く。）、利益の配当、剰余金の分配及び金銭の分配（みなし配当等を除く。）、集団投資信託（合同運用信託、公社債投資信託及び公社債等運用投資信託（特定公社債等運用投資信託を除く。）を除く。）の収益の分配又は割引債の償還差益に係る控除を受ける所得税額の計算

個別法による場合	銘　柄	収入金額 7	所得税額 8	配当等の計算期間 9	⑼のうち元本所有期間 10	所有期間割合 ⑽（小数点以下3位未満切上げ） ⑼ 11	控除を受ける所得税額 ⑻ × ⑾ 12
		円	円	月	月		円

銘柄別簡便法による場合	銘　柄	収入金額 13	所得税額 14	配当等の計算期末の所有元本数等 15	配当等の計算期首の所有元本数等 16	⒂－⒃ 2又は12 （マイナスの場合は0） 17	所有元本割合⒃＋⒄ ⒂（小数点以下3位未満切上げ）（1を超える場合は1） 18	控除を受ける所得税額 ⒁ × ⒅ 19
		円	円					円

その他に係る控除を受ける所得税額の明細

支払者の氏名又は法人名	支払者の住所又は所在地	支払を受けた年月日	収　入　金　額 20	控除を受ける所得税額 21	参　　考
		・　・	円	円	
		・　・			
		・　・			
		・　・			
計					

交際費等の損金算入に関する明細書

事業年度	3・10・1 4・9・30	法人名　株式会社 **緑商会**

別表十五　令四・四・一以後終了事業年度分

支出交際費等の額 （8 の 計）	1	450,000 円	損金算入限度額 (2)又は(3)	4	450,000 円
支出接待飲食費損金算入基準額 （9の計）× $\frac{50}{100}$	2	150,000			
中小法人等の定額控除限度額 （(1)と（(800万円× $\frac{12}{12}$)又は(別表十五付表「5」)）のうち少ない金額）	3	450,000	損金不算入額 (1)−(4)	5	0

支 出 交 際 費 等 の 額 の 明 細

科　　　　　　　目	支　　出　　額	交際費等の額から控除される費用の額	差引交際費等の額	(8)のうち接待飲食費の額
	6	7	8	9
交　　際　　費	600,000 円	150,000 円	450,000 円	300,000 円
計	600,000	150,000	450,000	300,000

				車両運搬具	工具器具備品			
資産区分	種 類	1		車両運搬具	工具器具備品			
	構 造	2			事務機器			
	細 目	3		自動車	複合機			
	取 得 年 月 日	4		令1 · 9 · 22	令3 · 4 · 10	· ·	· ·	· ·
	事業の用に供した年月	5		令和1年9月	令和3年4月			
	耐 用 年 数	6		6 年	5 年	年	年	年
取得価額	取得価額又は製作価額	7	外	3,000,000 円	外 1,000,000 円	外 円	外 円	外 4,000,000 円
	(7)のうち積立金方式による圧縮記帳の場合の償却額計算の対象となる取得価額に算入しない金額	8						
	差 引 取 得 価 額 (7)-(8)	9		3,000,000	1,000,000			4,000,000
償却額計算の基礎となる額	償却額計算の対象となる期末現在の帳簿記載金額	10		847,631	480,000			1,327,631
	期末現在の積立金の額	11						
	積立金の期中取崩額	12						
	差引帳簿記載金額 (10)-(11)-(12)	13	外△	847,631	外△ 480,000	外△	外△	外△ 1,327,631
	損金に計上した当期償却額	14		450,000	320,000			770,000
	前期から繰り越した償却超過額	15	外		外	外	外	外
	合 計 (13)+(14)+(15)	16		1,297,631	800,000			2,097,631
	前期から繰り越した特別償却不足額又は合併等特別償却不足額	17						
	償却額計算の基礎となる金額 (16)-(17)	18		1,297,631	800,000			2,097,631
当期分の普通償却限度額等	平成19年3月31日以前取得分	差引取得価額×5% (9)× 5/100	19					
		旧定率法の償却率	20					
		(16)>(19)の場合	算出償却額 (18)×(20)	21	円	円	円	円	円
			増加償却額 (21)×割増率	22	( )	( )	( )	( )	( )
			計 (21)+(22)又は(18-(19)	23					
		(16)≦(19)の場合	算出償却額 ((19)-1円)× 60分/60	24					
	平成19年4月1日以後取得分	定率法の償却率	25		0.333	0.400			
		調整前償却額 (18)×(25)	26		432,111 円	320,000 円	円	円	752,111 円
		保 証 率	27		0.09911	0.10800			
		償却保証額 (9)×(27)	28		297,330 円	108,000 円	円	円	405,330 円
		(26)<(28)の場合	改定取得価額	29					
			改定償却率	30					
			改定償却額 (29)×(30)	31	円	円	円	円	円
		増加償却額 ((26)又は(31))×割増率	32	( )	( )	( )	( )	( )
		計 ((26)又は(31))+(32)	33		432,111	320,000			752,111
	当期分の普通償却限度額等 (23)、(24)又は(33)	34		432,111	320,000			752,111
当期分の償却限度額	特別償却限度額	租税特別措置法適用条項	35	条 項	条 項	( )条 項	( )条 項	条 項
		特別償却限度額	36	外 円	外 円	外 円	外 円	外 円
	前期から繰り越した特別償却不足額又は合併等特別償却不足額	37						
	合 計 (34)+(36)+(37)	38		432,111	320,000			752,111
当 期 償 却 額	39			450,000	320,000			770,000
差引	償却不足額 (38)-(39)	40						
	償却超過額 (39)-(38)	41		17,889				17,889
償却超過額	前期からの繰越額	42	外		外	外	外	外
	当期損金認容額	償却不足によるもの	43						
		積立金取崩しによるもの	44						
	差引合計翌期への繰越額 (41)+(42)-(43)-(44)	45		17,889				17,889
特別償却不足額	翌期に繰り越すべき特別償却不足額 (((40)-(43))と((36)+(37))のうち少ない金額)	46						
	当期において切り捨てる特別償却不足額又は合併等特別償却不足額	47						
	差引翌期への繰越額 (46)-(47)	48						
	翌期への繰越額の内訳	翌期繰越額	49	· ·	· ·	· ·	· ·	· ·
		当期分不足額	50						
	適格組織再編成により引き継ぐべき合併等特別償却不足額 (((40)-(43))と(36)のうち少ない金額)	51						

備考

旧定率法又は定率法による減価償却資産の償却額の計算に関する明細書

事業年度又は連結事業年度	3 ·10· 1 4 · 9 ·30	法人名	株式会社 緑商会 ( )

欠損金又は災害損失金の損金算入等に関する明細書	事業年度	3·12·1 4·11·30	法人名	ナカムラ商事㈱

別表七（一）　令四・四・一以後終了事業年度分

控除前所得金額 （別表四「43の①」）	1	45,000,000 円	損金算入限度額 (1) × 50又は100 / 100	2	22,500,000

事業年度	区　　分	控除未済欠損金額 3	当期控除額 （当該事業年度の(3)と(2)－当該事業年度前の(4)の合計額）のうち少ない金額 4	翌期繰越額 ((3)－(4))又は(別表七(四)「15」) 5
・・ ・・	青色欠損・連結みなし欠損・災害損失	円	円	
・・ ・・	青色欠損・連結みなし欠損・災害損失			円
・・ ・・	青色欠損・連結みなし欠損・災害損失			
・・ ・・	青色欠損・連結みなし欠損・災害損失			
28·12·1 29·11·30	青色欠損・連結みなし欠損・災害損失	1,000,000	1,000,000	0
29·12·1 30·11·30	青色欠損・連結みなし欠損・災害損失	2,000,000	2,000,000	0
30·12·1 1·11·30	青色欠損・連結みなし欠損・災害損失	300,000	300,000	0
1·12·1 2·11·30	青色欠損・連結みなし欠損・災害損失	500,000	500,000	0
2·12·1 3·11·30	青色欠損・連結みなし欠損・災害損失	200,000	200,000	0
計		4,000,000	4,000,000	0

当期分	欠損金額 （別表四「52の①」）			欠損金の繰戻し額	
	同上のうち	災害損失金			
		青色欠損金			
	合　　計				0

災害により生じた損失の額の計算

災害の種類		災害のやんだ日又はやむを得ない事情のやんだ日	・・
災害を受けた資産の別	棚卸資産 ①	固定資産 （固定資産に準ずる繰延資産を含む。） ②	計 ①+② ③
当期の欠損金額 （別表四「52の①」） 6			円
災害により生じた損失の額の	資産の滅失等により生じた損失の額 7	円		
	被害資産の原状回復のための費用等に係る損失の額 8			
	被害の拡大又は発生の防止のための費用に係る損失の額 9			
	計 (7)+(8)+(9) 10			
保険金又は損害賠償金等の額 11			
差引災害により生じた損失の額 (10)－(11) 12			
同上のうち所得税額の還付又は欠損金の繰戻しの対象となる災害損失金額 13			
中間申告における災害損失欠損金の繰戻し額 14			
繰戻しの対象となる災害損失欠損金額 (16の③)と((13の③)－(14の③))のうち少ない金額 15			
繰越控除の対象となる損失の額 (6の③)と((12の③)－(14の③))のうち少ない金額 16			

個別評価金銭債権に係る貸倒引当金の損金算入に関する明細書	事業年度又は連結事業年度	3・10・1 4・9・30	法人名	株式会社 緑商会（　　　　）

債務者	住　所　又　は　所　在　地	1	東京都練馬区 ○ー✕				計
	氏　名　又　は　名　称 （外国政府等の別）	2	山田衣料㈱ （　　　）	（　　　）	（　　　）	（　　　）	
個　別　評　価　の　事　由		3	令第96条第1項 第 **3** 号 該当	令第96条第1項 第　号 該当	令第96条第1項 第　号 該当	令第96条第1項 第　号 該当	
同　上　の　発　生　時　期		4	3・7・30	・　・	・　・	・　・	
当期繰入額		5	円 500,000	円	円	円	円 500,000
繰入限度額の計算	個　別　評　価　金　銭　債　権　の　額	6	1,000,000				1,000,000
	(6)のうち5年以内に弁済される金額（令第96条第1項第1号に該当する場合）	7					
	(6)のうち取立て等の見込額 担保権の実行による取立て等の見込額	8					
	他の者の保証による取立て等の見込額	9					
	その他による取立て等の見込額	10					
	(8)＋(9)＋(10)	11					
	(6)のうち実質的に債権とみられない部分の金額	12					
	(6)－(7)－(11)－(12)	13	1,000,000				
	繰入限度額 令第96条第1項第1号該当 (13)	14					円
	令第96条第1項第2号該当 (13)	15					
	令第96条第1項第3号該当 (13)×50%	16	500,000				500,000
	令第96条第1項第4号該当 (13)×50%	17					
繰入限度超過額 (5)－((14)、(15)、(16)又は(17))		18	0				0
貸倒実績率の計算の基礎となる金額の明細	貸倒れによる損失の額等の合計額に加える金額（(6)の個別評価金銭債権が売掛債権等である場合の(5)と((14)、(15)、(16)又は(17))のうち少ない金額）	19					
	貸倒れ計額にかによる控除する金額の額等の 前期の個別評価金銭債権の額（前期の(6)）	20					
	(20)の個別評価金銭債権が売掛債権等である場合の当該個別評価金銭債権に係る損金算入額（前期の(19)）	21					
	(21)に係る売掛債権等が当期において貸倒れとなった場合のその貸倒れとなった金額	22					
	(21)に係る売掛債権等が当期においても個別評価の対象となった場合のその対象となった金額	23					
	(22)又は(23)に金額の記載がある場合の(21)の金額	24					

書式　別表三（一）

特定同族会社の留保金額に対する税額の計算に関する明細書	事業年度	3 · 12 · 1 4 · 11 · 30	法人名	ナカムラ商事㈱

留 保 金 額 に 対 す る 税 額 の 計 算

課 税 留 保 金 額			税		額	
年 3,000 万 円 相 当 額 以 下 の 金 額 ((21)又は(3,000万円×12分の──)のいずれか少ない金額)	1	円 12,220,000	(1) の 10 ％ 相 当 額	5	円 1,222,000	
年3,000万円相当額を超え年1億円相当額以下の金額 (((21)-(1))又は(1億円×12分の──-(1))のいずれか少ない金額)	2	000	(2) の 15 ％ 相 当 額	6		
年 1 億 円 相 当 額 を 超 え る 金 額 (21)-(1)-(2)	3	000	(3) の 20 ％ 相 当 額	7		
計 (21) (1)+(2)+(3)	4	12,220,000	計 (5)+(6)+(7)	8	1,222,000	

課 税 留 保 金 額 の 計 算

当期留保金額の計算	留 保 所 得 金 額 (別表四「52の②」)	9	円 44,000,000	住民税額の計算の基礎となる法人税額	中 小 企 業 者 等 以 外 の 法 人 （別表一「2」+「4」+「6」+「9の外書」-「11」-「17」-（別表六(六)「9の②」から「9の⑤」から「9の⑧」までの合計+「9の⑩」から「9の⑱」までの合計+「9の⑳」から「9の㉘」までの合計)	22	円 9,594,000
	前期末配当等の額（通算法人間配当等の額を除く。） （前期の(11)）	10	1,000,000				
	当期末配当等の額（通算法人間配当等の額を除く。） (11)	11	1,200,000		中 小 企 業 者 等 （別表一「2」+「4」+「6」+「9の外書」-「11」-「17」）-（別表六(六)「9の②」から「9の⑧」までの合計+「9の⑪」から「9の⑭」までの合計+「9の⑯」から「9の㉘」までの合計	23	
	法人税額及び地方法人税額の合計額 (((（別表一「2」-「3」+「4」+「6」+「9の外書」-「18」）-別表六(五の二)「5の③」と0のいずれか多い金額)+(別表一「32」+「33」+「37」と0のいずれか多い金額)-((別表六(五の二)「5の③」-別表一「2」+「3」+「4」+「6」+「9の外書」))と0のいずれか多い金額) （マイナスの場合は0）	12	10,016,136				
	住 民 税 額 (28)	13	1,563,822	住民税の計算	住 民 税 額 ((22)又は(23))×10.4％	24	997,776
	外国関係会社等に係る控除対象所得税額等相当額 (別表十七(三の六)「1」)	14		特定寄附金を支出した場合	特定寄附金の額の合計額に係る控除額 （特定寄附金の額の合計額）×40％	25	
	法 人 税 額 等 の 合 計 額 (12)+(13)-(14) （マイナスの場合は0）	15	11,579,958				
	通 算 法 人 の 留 保 金 加 算 額 (別表三(一)付表二「5」)	16			調整地方税額に係る控除額 ((24)+(別表一「11」+「17」)×10.4％)-（別表六(二)付表六「7の計」)×10.4％)×20％ （マイナスの場合は0）	26	
	通 算 法 人 の 留 保 金 控 除 額 (別表三(一)付表二「10」)	17					
	他の法人の株式又は出資の基準時の直前における帳簿価額から減算される金額 (別表三(一)付表一「19」)	18			住民税額から控除される金額 ((25)又は(26))のいずれか少ない金額)	27	
	当 期 留 保 金 額 (9)+(10)-(11)-(15)+(16)-(17)-(18)	19	32,220,042				
	留 保 控 除 額 (別表三(一)付表一「33」)	20	20,000,000	住民税	住 民 税 額 (24)-(27)	28	997,776
	課 税 留 保 金 額 (19)-(20)	21	12,220,000				

書式　事業年度分の適用額明細書

様式第一

FB4011

令和 4 年 11 月 25 日

品川 税務署長殿

（収受印）

自平成・令和 `03` 年 `10` 月 `01` 日
至平成・令和 `04` 年 `09` 月 `30` 日

事業年度分の適用額明細書
（(当初提出分)・ 再提出分）

納　税　地	東京都品川区×××1-2-3 電話(03)××××-××××	整理番号	××××××××
（フリガナ）	カブシキガイシャ　ミドリショウカイ	提出枚数	`01` 枚　うち `01` 枚目
法　人　名	**株式会社　緑商会**	事業種目	衣料品小売業　業種番号 `4` `3`
法　人　番　号		※税務署処理欄 提出年月日	令和　　年　　月　　日

期末現在の資本金の額又は出資金の額：`2` `5` `0` `0` `0` `0` `0` `0`　円（十億／百万／千／円）

所得金額又は欠損金額：`1` `0` `5` `0` `0` `0` `0`　円（十億／百万／千／円）

租　税　特　別　措　置　法　の　条　項	区分番号	適　用　額
第 `42` 条の `3の2` 第 `1` 項第 `1` 号	`00380`	`1` `0` `5` `0` `0` `0` `0`
第　条　第　項第　号		
第　条　第　項第　号		
第　条　第　項第　号		
第　条　第　項第　号		
第　条　第　項第　号		
第　条　第　項第　号		
第　条　第　項第　号		
第　条　第　項第　号		
第　条　第　項第　号		
第　条　第　項第　号		
第　条　第　項第　号		
第　条　第　項第　号		
第　条　第　項第　号		
第　条　第　項第　号		
第　条　第　項第　号		
第　条　第　項第　号		
第　条　第　項第　号		
第　条　第　項第　号		

10 申告手続きについて知っておこう

申告納付期限は原則として決算日後2か月以内である

法人税の確定申告

　会社（法人）の利益に対する課税は、申告納税制度をとっています。申告納税制度とは会社が自らその所得と税額を計算し、確定申告をして納付するという方法です。そのため、各事業年度終了の日の翌日から2か月以内に、所轄の税務署長に対し、確定した決算に基づき、その事業年度の課税標準である所得金額または欠損金額、法人税法により計算した法人税額等を記載した申告書を提出しなければなりません。法人税額は、確定申告書の提出期限までに納付しなければならないことになっています。これが、法人税の確定申告納付です。

　なお、法人税は、株主総会の承認を得た確定決算を基に計算しますが、会計監査人監査などの必要性から、2か月以内に決算が確定しない場合があります。このような場合には、届出書を提出し、1か月間の申告期限の延長をします。

中間申告をするケース

　会社（法人）事業年度が6か月を超える場合には、その事業年度開始の日以降6か月を経過した日から2か月以内に中間申告をしなければなりません。中間申告には、次の2つの方法があります。

① **前年実績による予定申告**

　前期事業年度の法人税の6か月換算額で申告する方法です。ただし、前期の法人税額×1/2が10万円以下の場合は予定申告納付の必要はありません。

②　仮決算による中間申告

　その事業年度開始の日から6か月の期間を一事業年度とみなして申告する方法です。

修正申告・更正と延滞税

　申告した法人税が少なかった場合、正しい税額を申告し直すことが必要になってきます。この申告を修正申告といいます。税務調査などで誤りが指摘された場合、調査官から修正申告をするよう指示されます。万が一調査官の言い分に納得がいかない場合には、修正申告を拒否することもできます。しかし修正申告を拒否したからといって、追徴課税から免れられるわけではありません。この場合、税務署から更正処分を受ける可能性があります。

　また、修正申告により税額が増額すると、延滞税等が課税される場合があります。延滞税とは、法定納期限の翌日から納付日までの日数に応じて徴収される、利息に相当する税金です。延滞した日数が2か月までの場合は年2.4％（令和5年1月1日から令和5年12月31日までの期間）、2か月を経過した日以後は年8.7％（令和5年1月1日から令和5年12月31日までの期間）の割合となります。

青色申告と白色申告

　法人税の確定申告の仕方には、申告用紙の色に由来する「青色申告」と「白色申告」という2種類の申告形式があります。

　青色申告とは、一定の帳簿書類を備えて日々の取引を複式簿記の原則に従い整然かつ明瞭に記録し、その記録に基づいて申告することをいいます。白色申告とは、青色申告以外の申告を指します。簡易な方法による記帳が認められ、青色申告では必要とされる仕訳帳や総勘定元帳の作成は義務付けられません。

法人税の申告の方法

　法人税の申告を行う場合の法人税申告書の提出方法は、電子申告（e-Tax：イータックス）、持参または郵送で行うことができます。前述しましたが、法人の確定申告の申告期限及び納期限は事業年度終了の日の翌日から2か月以内です（申告期限が、土曜日・日曜日・国民の祝日、12月29日から翌年1月3日までの日の場合は、その翌日が期限になります）。

　申告書の提出日は、申告書が税務署に到達したときであると一般的に考えられています。郵送による申告書提出については特別な扱いがあり、郵便物の消印日で判断されます。電子申告の場合は、e-Taxの送信結果として示される「受付日時」が提出日となります。

　なお、資本金が1億円超などの一定の会社の場合には、電子申告が強制されています。

■ 法人税の申告納税方法 ･････････････････････････････････

法人税の確定申告納付	･･･････ 事業年度終了の日の翌日から2か月以内に申告納付
法人税の中間申告納付	前年実績による予定申告 …前事業年度の法人税の6か月換算額を申告納付 仮決算による中間申告 …事業年度開始の日から6か月間を1事業年度とみなして申告納付
修正申告納付	･･･････ 申告した法人税が少なかった場合に正しい税額を申告納付

青色申告をするための手続きについて知っておこう

一定期限内に「青色申告の承認申請書」を提出する必要がある

青色申告の要件は2つある

　所得税では、青色申告することができる者を「不動産所得・事業所得・山林所得」を生ずべき業務を行う者に限定していますが、法人税については、業種を問わず、171ページ図の2つの要件を満たすことで青色申告をすることができるとされています。青色申告の承認を受けようとする法人は、その事業年度開始の日の前日までに、「青色申告承認申請書」（172ページ）を納税地の所轄税務署長に提出しなければなりません。

　ただし、設立第1期の場合には、設立の日以後3か月を経過した日と、設立第1期の事業年度終了の日とのどちらか早い日の前日までに申請書を提出することになっています。申請書を期限内に提出することができなかった場合、その事業年度は青色申告をすることができませんので注意が必要です。

　青色申告法人は、その資産・負債及び資本に影響を及ぼす一切の取引を複式簿記の原則に従い、整然かつ明瞭に記録し、その記録に基づいて決算を行わなければならないことになっています。また、青色申告法人は、仕訳帳・総勘定元帳・棚卸表その他必要な書類を備えなければならないことになっており、かつ、その事業年度終了の日現在において、貸借対照表及び損益計算書を作成しなければなりません。

　仕訳帳・総勘定元帳・棚卸表には、次の事項を記載します。

① 仕訳帳：取引の発生順に、取引の年月日・内容・勘定科目及び金額
② 総勘定元帳：その勘定ごとに取引の年月日・相手方勘定科目及び金額

③　棚卸表：その事業年度終了の日の商品・製品等の棚卸資産の種類・品質及び型の異なるごとに数量・単価及び金額

■ 青色申告法人と推計課税

　法人税法では、推計課税といって、税務署長の推測で税額を決めることができる規定があります。現行の申告納税制度は、納税者自らの計算のもとに実額で申告し、税を納付する制度です。

　このような実額のチェックが税務調査では不可能である場合に、間接資料に基づいて所得を推計し、更正・決定するというのがこの規定の趣旨です。したがって、適正な帳簿備付けを要件とする青色申告法人については推計課税により更正または決定をすることはできません。

　青色申告法人の更正は、その帳簿書類を調査し、その調査により申告に誤りがあると認められる場合に限られます。

　なお、決定とは、申告書を提出すべき人がその申告書を提出しなかった場合に、調査等により税務署長がその納付すべき税額を確定させる処分のことです。決定は、決定通知書の送達により行われます。決定処分を行うことができるのは、原則として法定申告期限から5年間です。

■ 青色申告をするには ………………………………………………

青色申告の承認を 受けようとする法人		一定期限内に「青色申告の承認 申請書」を提出

青色申告の要件

1．法定の帳簿書類を備え付けて取引を記録し、かつ保存すること
2．納税地の税務署長に青色申告の承認の申請書を提出して、あらかじめ承認を受けること

青色申告の承認申請書

税務署受付印

令和 5 年 1 月 18 日

※整理番号

納　税　地	〒125-○○○○ 東京都葛飾区××○丁目○番○号 電話(03)○○○○-○○○○
（フリガナ）	カブシキガイシャ　カー・シャイン・ボーイ
法 人 名 等	株式会社カー・シャイン・ボーイ
法 人 番 号	X|X|X|X|X|X|X|X|X|X|X|X|X
（フリガナ）	クルマ　センノスケ
代 表 者 氏 名	車　洗之助　　法人代表印
代 表 者 住 所	〒125-○○○○ 東京都葛飾区××○丁目○番○号
事 業 種 目	自動車洗車サービス　業
資 本 金 又 は 出 資 金 額	2,000,000 円

葛飾 税務署長殿

自令和 5 年 4 月 1 日
至令和 6 年 3 月 31 日

事業年度から法人税の申告書を青色申告書によって提出したいので申請します。

記

1　次に該当するときには、それぞれ□にレ印を付すとともに該当の年月日等を記載してください。
　□ 青色申告書の提出の承認を取り消され、又は青色申告書による申告書の提出をやめる旨の届出書を提出した後に、
　再び青色申告書の提出の承認を申請する場合には、その取消しの通知を受けた日又は取りやめの届出書を提出した
　日　　　　　　　　　　　　　　　　　　　　　　　　　　　　　　　　　平成・令和　　年　　月　　日
　☑ この申請後、青色申告書を最初に提出しようとする事業年度が設立第一期等に該当する場合には、内国法人であ
　る普通法人若しくは協同組合等にあってはその設立の日、内国法人である公益法人等若しくは人格のない社団等に
　あっては新たに収益事業を開始した日又は公益法人等（収益事業を行っていないものに限る。）に該当していた
　普通法人若しくは協同組合等にあっては当該普通法人若しくは協同組合等に該当することとなった日
　　　　　　　　　　　　　　　　　　　　　　　　　　　　　　　　　　　平成・令和 5 年 4 月 1 日
　□ 所得税法等の一部を改正する法律（令和2年法律第8号）（以下「令和2年改正法」といいます。）による改正前
　の法人税法（以下「令和2年旧法人税法」といいます。）第4条の5第1項（連結納税の承認の取消し）の規定によ
　り連結納税の承認を取り消された後に青色申告書の提出の承認を申請する場合には、その取り消された日
　　　　　　　　　　　　　　　　　　　　　　　　　　　　　　　　　　　平成・令和　　年　　月　　日
　□ 令和2年旧法人税法第4条の5第2項各号の規定により連結納税の承認を取り消された場合には、同項各号のう
　ち、取消しの基因となった事実に該当する号及びその事実が生じた日
　　　　　　　　　　　　　　　　　　　　　　　　令和2年旧法人税法第4条の5第2項第　　号
　　　　　　　　　　　　　　　　　　　　　　　　　　　　　　　　　　　平成・令和　　年　　月　　日
　□ 連結納税の取りやめの承認を受けた日を含む連結親法人事業年度の翌事業年度に青色申告書の提出をしようとす
　る場合には、その承認を受けた日　　　　　　　　　　　　　　　　　　　平成・令和　　年　　月　　日
　□ 令和2年改正法附則第29条第2項の規定による届出書を提出した日を含む最終の連結事業年度の翌事業年度に
　青色申告書の提出をしようとする場合には、その届出書を提出した日　　　平成・令和　　年　　月　　日

2　参考事項
　(1)　帳簿組織の状況

伝票又は帳簿名	左の帳簿 の 形 態	記 帳 の 時 期	伝票又は帳簿名	左の帳簿 の 形 態	記 帳 の 時 期
現金出納帳	装丁帳簿	毎日	総勘定元帳	装丁帳簿	毎日
売掛帳 買掛帳	ルーズリーフ	随時	仕訳帳	ルーズリーフ	毎日
手形帳	ルーズリーフ	随時			

　(2)　特別な記帳方法の採用の有無
　　　　イ　伝票会計採用
　　　　ロ　電子計算機利用
　(3)　税理士が関与している場合におけるその関与度合

税 理 士 署 名	

※税務署 処理欄	部 門	決算 期	業種 番号	番 号	入 力	備 考	通信 日付印	年 月 日	確認

04. 03 改正

（規格 A 4）

12

法人住民税について知っておこう

道府県民税と市町村民税がある

法人住民税とは

　会社が納める住民税を法人住民税といいます。個人住民税と同じく、法人住民税にも道府県民税と市町村民税があります。ただし、東京特別区だけに所在する法人には、区の分と合わせて法人都民税というひとくくりの税金になります。法人住民税には、次の2つがあります。

① 均等割

　法人所得の黒字、赤字を問わず資本金等や従業員数等に応じて課税されるものです。道府県民税が最低2万円から5段階、市町村民税が最低5万円から9段階に分かれています。

　資本金等とは、次の(a)と(b)のいずれかの大きい額をいいます。

(a) 法人税法上の資本金等の額に次の項目を加減算したもの

・無償増資（加算）

　平成22年4月1日以降に、利益準備金またはその他利益剰余金による無償増資を行った場合には、その増資額を加算する。

・無償減資（減算）

　平成13年4月1日から平成18年4月30日までの間に、資本金または資本準備金の減少による欠損塡補を行った場合には、その欠損の塡補に充てた金額を控除する。また、平成18年5月1日以降に、剰余金による損失の塡補を行った場合、その損失の塡補に充てた金額を控除する（その他資本剰余金として計上してから一年以内に損失の塡補に充てた金額に限る）。

(b) 資本金及び資本準備金の合計額

② 法人税割

個人住民税における所得割に相当するもので、原則として国に納付する法人税額を基礎として課税されます。税率は、地方公共団体ごとに、「標準税率」（税率を定める場合に通常基準となる税率）と「制限税率」（最高税率のこと）の範囲内で定められています。国に納付する法人税額にこの税率を掛けて、税額が決まります。標準税率は、道府県民税が1.0％、市町村民税が6.0％となっています。

法人住民税は、原則としてその都道府県・市区町村に事務所・事業所・寮等を有している会社が納める税金です。都道府県・市区町村に事務所・事業所を有する会社は、均等割額・法人税割額の両方が課税されます。赤字の会社では法人住民税のうち均等割だけが発生します。

また、都道府県・市区町村内に寮などを有する会社でその都道府県・市区町村内に事務所・事業所等を有していない場合も、均等割額のみが課税されます。

なお、次のような場合は、市区町村への届出が必要です。市区町村内に法人を設立または事業所を設置した場合は「設立等届出書」を提出します。また、市区町村内に事業所等がある法人で、事業年度、名称、所在地、代表者、資本金等の変更または法人の解散、清算結了、事業所の閉鎖等があったときは、「異動届出書」を提出する必要があります。「設立等届出書」「異動届出書」を提出する際は、登記事項証明書などの添付が必要です。

法人住民税の申告納付期限

法人住民税も法人税と同様に「申告納税制度」によりますので、確定申告書を作成し、提出しなければなりません。

申告納付期限は、法人税と同様、各事業年度終了の日の翌日から2か月以内です。ただし、会計監査人の監査を受けるなどの理由で2か月以内に決算が確定しない場合には、事業年度終了の日までに申請書を提出すれば、原則として、1か月間申告期限を延長できます。

中間申告が必要な法人のケース

　法人住民税の場合は、個人住民税と異なり中間申告制度が設けられています。事業年度が6か月を超える法人については、事業年度開始の日以後6か月を経過した日から2か月以内に中間申告書を提出し、住民税を納付する必要があります。

　中間申告方法も、法人税と同様に「仮決算」と「予定申告」の2種類の方法があります。仮決算の場合は対象年度の前半期を1事業年度とみなして法人住民税を計算し、予定申告の場合は前事業年度の法人住民税の2分の1を納付することになります。

　なお、中間申告書を提出しなかった場合は、予定申告をしたものとして、前事業年度の法人住民税の2分の1を納付することになります。ただし、法人税の中間申告義務がない場合は、法人住民税についても中間申告をする必要はありません。

複数の地域に営業所がある場合

　複数の都道府県や市町村に営業所などがある場合には、次のように法人税割を計算します。まず、当期の法人税額を各営業所の従業員の数で按分します。そして、各地方公共団体で定める税率をそれぞれ按分した法人税額に掛けて法人税割を求めます。均等割については、営業所が所在するそれぞれの都道府県や市区町村の定める均等割を納めます。

■ 法人住民税の概要 ･････････････････････････････････････

法人住民税	道府県民税	均等割額	資本金・従業員数等に応じて課税
		法人税割額	法人税額を基礎として課税
	市町村民税	均等割額	資本金・従業員数等に応じて課税
		法人税割額	法人税額を基礎として課税

13

法人事業税について知って おこう

行政サービスの経費の一部を負担する性格の税金である

法人事業税とは

　法人事業税とは、都道府県に事務所・事業所または国内に恒久的な施設を有し、事業を行う法人に課税されるもので、法人が都道府県から受けるサービスの経費の一部を負担する性格の税金です。

　法人事業税が課税される根拠としては、法人がその事業活動を行うために、都道府県の各種行政サービスを受けていることから、これらに必要な経費を分担すべきであるという考え方に基づいています。

　一方、事業税を負担する法人側の処理としては、法人税などの課税所得計算において、一般の経費と同様に損金処理が認められています。

　法人事業税は、国内で事業を行う法人に課税されるものですが、国・都道府県・市区町村・公共法人には課税されません。また、公益法人等の公益事業に係る所得については、法人事業税が課税されませんが、公益法人等の収益事業については、普通法人と同じように法人事業税が課税されます。

　法人事業税の課税標準は、電気供給業・ガス供給業・生命保険事業・損害保険事業を行う法人については、その法人の各事業年度の収入金額が、それ以外の事業を行う一般の法人については、各事業年度の所得金額が課税標準になります。資本金・床面積等の外形を使う方法もありますが、通常は所得金額を課税標準とする方法をとっています。

法人事業税の計算方法

　法人事業税の課税標準である各事業年度の所得金額は、法人税申告書「別表四」の「総計」の所得金額に一定の金額を加減算して求め、

その所得金額に次の標準税率を乗じて法人事業税を計算します。

　一般法人（後述する外形標準課税適用法人を除く）の標準税率は、所得が年400万円以下では3.5％、年400万円超800万円以下では5.3％、年800万円超では7.0％となっています。事業税は地方税であることから、各都道府県が条例で定めた規定によって課されるため、資本金の額や所得金額などに応じて税率が異なります。ただし、標準税率に1.2を乗じた税率の範囲内でしか適用することができません。

　この他に、標準税率で計算された法人事業税（基準法人所得割額）に 37％を掛けた額を特別法人事業税（国税）として合わせて納める必要 があります。

いつ申告・納付するのか

　法人事業税も確定申告書（179ページ）を作成して申告納付しなければなりません。申告納付期限は、各事業年度終了の日の翌日から 2 か月以内です。

　中間申告納付についても、その事業年度開始の日から 6 か月を経過した日から 2 か月以内に申告納付しなければなりません。法人税と同様に「予定申告」「仮決算」という 2 つの方法があります。

外形標準課税とは

　外形標準課税とは、事業所の床面積や従業員数、資本金の額など客観的な判断基準を基に課税する制度です。収入金額で課税される法人以外で、資本金の額が 1 億円を超える一定の法人に対して、この外形標準課税が適用されます。

　このような外形標準課税適用法人では、法人の所得、付加価値額、資本金等の額の 3 つの金額を課税標準として、それぞれの課税標準に一定税率を掛けたものを合算して法人事業税を計算します。各事業年度の付加価値額は、各事業年度の収益配分額（給与や支払利子などの

合計額）と単年度損益との合算により算定されます。資本金等の金額は、各事業年度終了の日における資本金の額と払い込まれた金銭のうち資本金に組み込まれなかった金額の合計額です。所得に税率を掛けたものを所得割、付加価値額に税率を掛けたものを付加価値割、そして資本金等の額に税率を掛けたものを資本割といいます。なお、付加価値割・資本割をあわせた部分のことを「外形標準課税」と呼ぶ場合もあります。

所得割に係る標準税率は、所得のうち400万円以下が0.4％、400万円超800万円以下が0.7％、800万円超が1.0％となっています。

この他に、基準法人所得割額に260％を掛けた特別法人事業税が課されます。

また、付加価値割に係る標準税率は1.2％、資本割に係る標準税率は0.5％が適用されます。

▍地方税の申告はどのようにする

東京都の場合、都民税および事業税の確定申告書（第6号様式）を都税事務所に提出することになります。これに対して、他の道府県では、道府県民税および事業税の確定申告書（第6号様式）を道府県税事務所に提出すると共に、市町村民税の確定申告書（第20号様式）を役所などに提出する必要があります。

道府県民税（都民税）および事業税の確定申告書、市町村民税の確定申告書については基本的に添付書類の提出が求められていませんが、自治体によっては貸借対照表および損益計算書の提出を求めているところもありますので確認が必要です。

また、地方税も電子申告を行うことができますが、法人税のe-Taxとは異なり地方税専用のポータルシステム（eLTAX：エルタックス）を使用します。

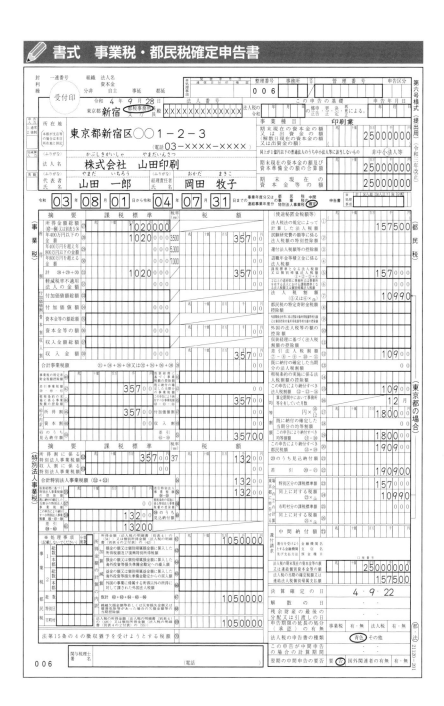

14 法人設立時に必要な税金関係の届出について知っておこう

税務署や都道府県市区町村への届出が必要である

株式会社を設立した場合に必要な手続き

法人設立の際には、税金関係の各種届出が必要です。まず、株式会社を設立した場合を例にとって見ていきましょう。

・税務署に提出する書類

株式会社を新たに設立したときは、納税地（会社が存在するところ）の所轄税務署長に所定の届出を提出する必要があります。まず、納税地、事業の目的、設立の日などを記載した「法人設立届出書」を提出します。提出期限は会社設立の日以後2か月以内です。

法人設立届出書に添付する書類としては、①定款の写し、②履歴事項全部証明書、③株主（出資者）名簿、④現物出資者の名簿、⑤設立趣意書、⑥貸借対照表（設立時点のもの）、⑦本店（本社）所在地の略図などがあります。また、会社設立と同時に労働者を雇うことになるでしょうから、その場合には、事務所を開設した日から1か月以内に、「給与支払事務所等の開設届出書」を提出します。給与を支払うべき労働者の人数が常時10人未満であるときは、「源泉所得税の納期の特例の承認に関する申請書」を提出することで源泉所得税を年2回（7月と1月）にまとめて納付することができます。

さらに、青色申告により納税する場合には、青色申告の承認申請書を、会社設立の日以後3か月を経過した日と設立第1期の事業年度終了の日のうちいずれか早い日の前日までに提出する必要があります。税務署に行くと、これらの届出書が一式になってつづられたものが用意してあります。届出書の提出期限はまちまちですが、すべての書類をそろえて会社設立後1か月以内に提出するようにしましょう。

その他、必要に応じて提出するものとして、棚卸資産の評価方法を選定する場合に提出する「棚卸資産の評価方法の届出書」、減価償却資産の償却方法を選定する場合に提出する「減価償却資産の償却方法の届出書」、有価証券を所有していなかった法人が有価証券を新たに取得した場合に提出する「有価証券の一単位当たりの帳簿価額の算出方法の届出書」があります。

・消費税についての届出

　資本金1,000万円以上の会社を設立したときは、設立初年度から消費税が課税されます。その場合、「法人設立届出書」を税務署に提出する際に、「（消費税法上の）新設法人」の欄に必要事項を記載します。

　一方、資本金1,000万円未満の会社を設立したときは、基本的に、設立事業年度とその翌事業年度は消費税が課されません。つまり、当初の2年間は免税事業者になります。そのため、消費税関連の届出は不要です。ただし、設立後のその会社の売上高によっては、設立の翌事業年度から消費税が課税されることがあるので注意が必要です。

　また、設立初年度に店舗を新設したり、設備などを購入したりといったような多額の設備投資を行う予定があるときは、「消費税課税事業者選択届出書」を提出し、消費税の課税事業者となることによって、消費税の還付を受けることができる可能性があります。

　なお、いったん消費税課税事業者選択届出書を提出した場合、売上金額の多少にかかわらず、その後、2年間は消費税の課税事業者でいなければならないので注意する必要があります。

　さらに、令和5年10月1日以降はインボイス制度（適格請求書等保存方式）が導入される関係で、「課税事業者選択届出書」を提出するなどにより課税事業者となる場合は、合わせて「適格請求書発行事業者の登録申請書」も提出することで、インボイス発行事業者となることができます。インボイス制度とは、適切な登録を受けた課税事業者が発行する所定のインボイス（適格請求書）の保存が消費税の仕入税

額控除ができる要件とする制度です。

　また、一定規模以下（前々事業年度の課税売上高が5,000万円以下の場合）の会社では、売上高から納める消費税の額を計算する簡易な課税方式（簡易課税制度）を採用することができます（設立初年度から適用を受けることもできる）。簡易課税制度の適用を受けようとする会社は、「消費税簡易課税制度選択届出書」を提出する必要があります。この届出書は、簡易課税制度を選択しようとする課税期間が事業を開始した課税期間の場合、適用を受けようとする課税期間中に提出します。2期目以降は、適用を受けようとする課税期間が始まる前の日までに選択届出書を提出する必要があります。簡易課税制度は、事業を廃止した場合を除いて2年間継続して適用を受けなければなりません。

・都道府県に提出する書類

　新たに事業を開始した場合、その事業所が所在する都道府県にも所定の届出を提出する必要があります。具体的には、「法人設立・設置届出書」または「法人設立届出書」といった書類を都道府県税事務所に提出します。主な添付書類は定款などの写しや履歴事項全部証明書ですが、あらかじめ確認しておくことが必要です。

・市区町村に提出する書類

　新しく会社を設立した場合や事務所・事業所などを開設した場合は、「法人設立届出書」または「法人の事務所・事業所等の開設申告書」といった書類を市区町村に提出します。提出の際には、履歴事項全部証明書と定款の写しを添付します。また、その後、商号、所在地、代表者、事業年度、資本金などの異動（変更）や、事務所、事業所の廃止、解散が生じた場合は、そのつど「法人等の異動届」を提出します。異動届を提出する場合も履歴事項全部証明書などの異動の事実がわかる書類を添付します。

株式会社以外の法人を設立する場合の注意点

　NPO法人や公益社団法人の場合、収益事業（公益目的ではない営利目的の事業のこと）に対しては法人税が課税されますので、その場合「収益事業開始届出書」が必要です。給与の支払いがある場合には「給与支払事務所等の開設届出書」を提出します。また、都道府県や市町村については原則として設立の届出が必要ですが、「収益事業」を行わない場合は不要である場合もあるため、事前に確認しておくとよいでしょう。合同会社や公益認定を受けていない「非営利型」法人以外の場合は、普通法人と同じ取扱いであるため、前述の株式会社と同様の手続きを行います。

■ 株式会社などの法人を設立した場合の税金関係の届出 ………

提出書類	添付書類	提出期限
法人設立届出書	①設立時の貸借対照表 ②定款等の写し ③設立の登記の登記事項証明書（履歴事項全部証明書） ④株主等の名簿の写し ⑤合併等により設立されたときは、被合併法人等の名称及び納税地を記載した書類と合併等が行われた日を明らかにする書類の写し ⑥設立趣意書	設立の日以後 2か月以内
青色申告の承認申請書	なし	設立の日以後3か月を経過した日と設立第1期の事業年度終了の日のうち早い方
給与支払事務所等の開設・移転・廃止届出書	なし	設立の日以後 1か月以内
源泉所得税の納期の特例の承認に関する申請書	なし	随時

解散・清算の際の税務申告はどうする

解散・清算中、清算完了ごとに申告が必要

どんな手続きが必要になるのか

会社が解散や清算を行う際の税務申告には、①解散事業年度確定申告（解散確定申告）、②清算事業年度確定申告、③残余財産確定事業年度確定申告の3種類があります。

解散確定申告とは、会社の解散日の翌日から2か月以内に所管の省庁に法人税、消費税、法人住民税、事業税の確定申告を行うことです。申告の対象になる事業年度は、解散事業年度と呼ばれ、通常の事業年度が始まった日から解散の日までとなります。解散事業年度は、1年未満になるのが普通ですので、確定申告時には、減価償却費などの調整をします。清算事業年度確定申告とは、清算の手続きが事業年度をまたぐ場合に、事業年度が終わるごとに清算中の所得を申告することです。申告は事業年度の終了後2か月以内に行わなければなりません。残余財産確定事業年度確定申告とは、残余財産の金額が確定した日から1か月以内に行う確定申告です。

残余財産の分配とみなし配当

清算手続きを経て、すべての債務を清算した結果、財産が残る場合があります。この財産を残余財産といいます。残余財産は株主へ分配されます。債権者の保護を図る観点から、株主への分配は最後の最後です。残余財産が株主に分配される際は、保有する株式数に応じて行われます。この分配された金額が払込資本を上回っている場合には、上回った額は配当とみなされます。これをみなし配当といいます。

みなし配当は所得税の課税対象です。通常の配当の場合と同様に所

得税の源泉徴収制度が適用され、配当をする側つまり清算している法人が源泉徴収をする義務があります。

　なお、このみなし配当を受ける側が法人の株主である場合は、その法人においては受取配当等の益金不算入や所得税額控除の適用を受けることができます。

役員退職金の支払と節税対策

　会社が解散するに至るまでには、少しでも業績を圧迫しないように、役員報酬をカットしてきているでしょうし、結果的に解散に至ってしまった以上、役員退職金も支払うことができないことも考えられます。

　その上、残余財産の分配において、みなし配当が生じ、配当所得税の源泉税率である20.42％が差し引かれてしまうのは、少々もったいないという心情も働きます。一般的に中小企業においては、代表者や一部の個人が株主として大部分の株式を保有しているケースが多く、場合によってはみなし配当の額も大きくなる可能性もあります。そこで、残余財産を極力、株主資本に近い金額だけを残すように役員退職金を支払うことで、個人の節税対策と、清算法人の事務負担の軽減を図ることができます。

　ただし、この場合、通常の役員退職金よりも過剰に大きな金額の役員退職金を支払うと税務調査で指摘されることも考えられます。もっとも、業績と共に財務状況も非常に悪化しての解散であることがほとんどであるため、残余財産が大きく残ってしまうケース自体が通常は考えにくいといえます。

　逆に、このスキームを悪用し、意図的に解散をさせて多額の役員退職金を得るようなケースはすぐに税務署に指摘される可能性がありますので注意が必要です。

青色申告法人の帳簿書類の保存期間

　青色申告法人については資本金の大小にかかわらず、帳簿書類をその事業年度の確定申告提出期限から7年間、保存することが原則です。「帳簿書類」とは、総勘定元帳、仕訳帳、現金出納帳、売掛金元帳、買掛金元帳、固定資産台帳、売上帳、仕入帳、棚卸表、貸借対照表、損益計算書、注文書、契約書、領収書などがあります。また、消費税法では、仕入税額控除が受けられる要件として、帳簿の一定の記帳及び請求書等の保存（令和5年10月1日以降はインボイスの保存）が義務付けられています。ただし、10年間の欠損金の繰越控除の適用を受ける場合には、10年間保存しておく必要があるので注意が必要です。

　なお、会社法においては、432条で株式会社については10年間会計帳簿や事業に関する重要書類を保存する旨を定めていますので、最低10年ということになります。決算書、申告書、定款、登記関連書類、免許許可関連書類、不動産関連書類、その他重要な契約書、申請願、届出書などについては、保存期間が定められていても、重要書類として永久保存した方がよいでしょう。

　帳簿書類の保存は紙による保存が原則です。ただし、平成10年に「電子計算機を使用して作成する国税関係帳簿書類の保存方法等の特例に関する法律」（電子帳簿保存法）が成立し、さらに令和3年に大きな改正が行われたことにより、決算書を作成するための会計帳簿（国税関係帳簿）や、取引の記録のために必要な領収書などの書類（国税関係書類）の電子化（磁気テープや光ディスクなどに記録した電磁的記録のままで保存することなど）の利用促進を施す措置などがとられました。また、一定の場合には、電子データでの書類の保存が強制されるようになっています。

第 5 章

法人税と関わる
その他の知識

決算や法人税申告のための経理の役割

内部報告・外部報告用の会計資料の作成が重要な役割である

日々の取引の売上や費用を記録する

　決算や法人税の申告を的確に行うためには、日々の取引において、売上や費用を明らかにし、記録していかなければなりません。

　会社は営業活動を行い、そこから利益を生み出す組織です。会計期間という一定の期間を設定し、その会計期間内の様々な営業活動を、記録、計算、整理します。会計期間内の売上を計算し、経費、費用、収益を集計して、期間内の利益や経営・財政状態などを、会社の内部だけではなく株主など外部にも報告する必要があります。このように一連の営業活動による取引を記録し、会社内部に限らず、外部の関係者に決算書を公開することが経理の仕事です。

　経理の大きな役割には、会社経営者などに対する内部報告用の会計資料の作成と、株主などに対する外部報告用の会計資料の作成があります。

　内部報告用会計は、管理会計と呼ばれ、会社の経営者が適切に会社の経営を実行に移すことができるよう、会社の経営状態を正確に詳しく資料化したものです。あらゆる角度から分析・集計した多種多様な会計資料を作成することにより、経営者はその会計資料を基にして、現在の問題点を知ることができ、その後の経営戦略を練ることができます。会社の経営の根幹に関わることにもなる大変重要な仕事だといえます。

　外部報告用会計は、財務会計と呼ばれ、貸借対照表や損益計算書など、定められたルールに基づき作成された財務諸表のことです。会社には、日頃の取引や現金の流れを正確に記録、計算、整理し、株主や債権者など、会社の利害関係者に対して会社の経営状態のわかる情報を公開する義務があります。会社の経営状態を透明化し、明確にする

ことにより、利害関係者に対しての信頼獲得だけでなく、社会的地位の向上にもつながります。

業務の流れをおさえる

経理業務の内容は、会社の規模や業種などにより異なりますが、大まかな流れは似ています。

一般的に会社の業務は、「開発」→「仕入」→「製造」→「在庫」→「売上」というサイクルになっています。この会社の業務サイクルを経理業務のサイクルにあてはめてみましょう。経理業務との関わりという点では、「仕入」段階での手形や買掛債務の管理業務、「製造」段階での原価の管理や固定資産の管理、原材料・経費・人件費などについての資金繰り業務が重要です。また、「在庫」の段階では在庫の管理、「売上」段階では受注・出荷や売掛債権の管理業務が生じます。

現金出納の管理や、資金・経費管理は段階にかかわらず、経理の日常業務になるということができます。

ただし、業種によってはこのサイクルも多少違ってきます。たとえば、卸売業では、「製造」部分がなく「購入」となり、「原価計算業務」などの経理業務も生じないことになります。

また、自社の顧客や仕入先の名称や情報、商品名やその特徴や強みなどを知ることは、経理処理の合理化や、スムーズな処理を行うためには、とても重要です。

経理業務のスケジュールと月次決算

月単位、年単位で行う作業には、それぞれの期間中に行うべき仕事のタイミング、つまりスケジュールがあります。経理事務の代表的な年間スケジュールは次ページの図のとおりです。

一方、月単位で行う仕事で最も大切なのは月次決算です。月次決算とは、月ごとの会社の決算のことです。前の月１か月の会社のお金の

動きをまとめる作業で、経理担当が毎月行わなければならない重要な仕事です。具体的には、月の前半に帳簿の締切、試算表（最終的な決算を行う前に総勘定元帳への記載が正確に行われているか検証するための表）の作成、決算書の作成、資金繰り表の作成などを行います。さらに、月の中頃には、作成した決算書を基に予算計画と事業の実績を比べて分析した結果といっしょに経営陣に報告を行います。

　月次決算は、①会計伝票の内容を仕訳帳に反映させる、②仕訳帳の内容を総勘定元帳と補助簿に反映させる、③総勘定元帳の内容を試算表に反映させる、④試算表を基に決算書を作成する、という手順で行われます。月次決算が完成すると、経営陣への報告です。

　月次決算で気をつけなければならないのは迅速性です。経営陣は、報告を基に次の月以降の経営戦略を練り直します。どんなに遅くとも、通常は月末から５営業日程度までの間には、報告できるようにしておく必要があります。

■ 経理事務の年間スケジュール ………………………………

	主 な 事 務
1月	月次・四半期決算作業、償却資産税の計算・納付、法定調書の作成
2月	月次決算作業、予算計画策定作業
3月	月次決算作業、予算計画策定作業、実地棚卸の確認
4月	月次・本決算作業
5月	月次・本決算作業、法人税等の計算・納付
6月	月次・本決算作業、夏季賞与支給に伴う事務作業
7月	月次・四半期決算作業、社会保険関連の事務作業（定時決定、年度更新等）
8月	月次決算作業
9月	月次決算作業
10月	月次・四半期決算作業
11月	月次決算作業、法人税等の中間申告・納付
12月	月次決算作業、冬季賞与支給・年末調整に伴う事務作業

※賞与支給は６月及び１２月を前提

2 会計帳簿について知っておこう

総勘定元帳や補助元帳、現金出納帳、仕訳（日記）帳などがある

会計帳簿にはどんなものがあるのか

　取引を行う時には、内容や金額などを取引先へ通知したり、取引の事実を記録として残しておくために会計帳票を作成します。会計帳票のうち、1つの取引ごとに単票形式で作成したものを会計伝票、現金取引、手形取引など一定の取引のみを集めて、その履歴を時系列で記録したものを会計帳簿といいます。主な会計帳簿には、総勘定元帳、補助元帳、現金出納帳、仕訳（日記）帳、預金出納帳、手形帳、売掛帳、買掛帳などがあります。これらの他にも、会社の業務形態に応じて、様々な会計帳簿が存在します。

取引記録をなぜ管理しておく必要があるのか

　日常の取引の中で、相手方との間に領収書や納品書などの取引の証拠となる書類が発生します。それらは証憑書類といわれ、記録として経理上重要な書類となります。証憑書類には、注文書、領収書、請求書、商品受領書があります。

　領収書などの書類には、経理事務や税金申告の書類としてのはたらきもあります。つまり、経費処理などの申告の正しさを税務署へ証明するための証拠書類になります。会社が作成したり受け取った証憑書類やそれらを整理した帳簿類については、税務調査を受けたり、後で調べるときなどのためにきちんと整理しておく必要があります。帳簿書類の備え付け、記録または保存が法令に従って行われていない時は、青色申告（一定の帳簿書類を備えて日々の取引を複式簿記の原則に従い整然かつ明瞭に記録し、その記録に基づいて申告すること）が取り

消されてしまう場合もあります。そうなると、特別償却（税法で認められた通常の償却額に加えて、取得価額に一定割合を乗じて算出した金額を上乗せして償却ができること）など青色申告の様々な特典が適用されず、税務上不利な扱いとなりますので注意が必要です。

保存期間は法定されている

法人税に関する帳簿書類の保存期間は原則として7年ですが、10年間の欠損金の繰越控除の適用を受ける場合には保存期間は10年必要となります。また、会社法でも、帳簿の保存期間は10年となっていますので、結局のところ帳簿書類は10年間保存が必要となります。

帳簿書類の保存方法

帳簿書類の保存方法は、紙による保存が原則ですので、電子計算機（パソコン等）で作成した帳簿書類についても、原則として電子計算機からアウトプットした紙により保存をする必要があります。

ただし、一定の場合には電子データで保存することができます。令和3年度に「電子計算機を使用して作成する国税関係帳簿書類の保存方法等の特例に関する法律（電子帳簿保存法）」が大きく改正され、今後は会社などが行う経理業務で決算書を作成するための会計帳簿（国税関係帳簿）や、取引の記録のために必要な領収書などの書類（国税関係書類）の電子化が促進されることが期待されています。ここでの電子化とは、帳簿や各種の書類を電磁的記録（パソコンなどへの入力）で行ったり、電子データのままで入手・作成・保管等を行ったり、紙で入手した書類をスキャナ等に電子化した状態で保管することを意味しています。

なお、国税関係帳簿とは、仕訳帳、現金出納帳、売掛金元帳、固定資産台帳、売上帳、仕入帳などをいい、国税関係書類とは、棚卸表、貸借対照表、損益計算書、注文書、契約書、領収書などをいいます。

電子帳簿保存法の主な改正点は次のとおりです。

・税務署長の事前承認制度の廃止

　令和4年1月1日以後に会計ソフトなどで電子的に作成した国税関係帳簿を電磁的記録により保存したり、紙で入手した国税関係書類をスキャナ等により保管するのに、改正前では税務署長の事前承認が必要でしたが、改正後はこれが不要になりました。

・タイムスタンプの付与期間の緩和

　タイプスタンプとは、取引により入手等を行った書類をデータとして保管する際に、その日やその時刻に実際にその書類が存在しており、かつその後不当な書類の変更や改ざん等が行われていないことをシステム的に保証する技術手法のことです。つまり、後で上書き等ができないしくみや、仮に上書きが行われた場合でも、いつどのような形でその内容が変わったのかを人為的ではなくシステム的に追跡できるようにすることです。電子帳簿保存法では、タイムスタンプを要求しており、その付与期間は改正前ではデータなどをスキャンして読み込ん

■ 帳簿の分類 ・・・

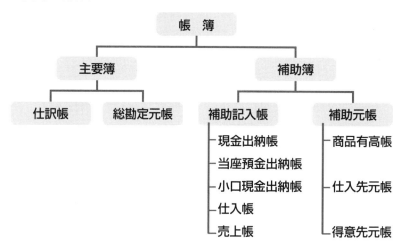

だ後に３営業日以内に行う必要がありました。しかし、改正後ではタイムスタンプの付与期間が、最長約２か月と概ね７営業日以内とされました。タイムスタンプは、本来的には取引の過程で国税関係書類を用意あるいは入手して保管するたびに付与する必要はあるものの、その付与までの期間が実務的に対応可能な範囲内になったといえます。

　なお、最長約２か月とは、事務処理規程を定めていることを前提として、その業務の処理に必要な通常の期間が２か月であればそこまでの期間が認められているということであって、たとえばその通常の期間が１か月であれば１か月と概ね７営業日以内ということになります。

・電子取引の取引情報に関する電子データの保存

　取引を行う者とその取引先との間で、取引上で交わす国税関係書類について、紙を使わずに電子データのみでやりとり（電子取引）をする場合には、電子データのままで保存をすることが要求されます（令和５年度税制改正大綱では、一定の場合に電子データでなくても紙保存の許容も検討されている）。

総勘定元帳と補助簿の役割

　帳簿には、簿記の基礎となる主要簿と、その主要簿の記録を補う補助簿があります。総勘定元帳は、仕訳帳と共に重要な主要簿で、現金の動きや残高、増減した取引の内容が示されます。これらの主要簿を基にして決算書（貸借対照表・損益計算書）が作成されます。また、補助簿には、補助記入帳と補助元帳があり、主要簿作成の明細を示す補助的な役割を持っています。

① 総勘定元帳の作成

　総勘定元帳は、仕訳帳に書いた仕訳を勘定科目別に書き写して作成します。この勘定科目ごとの帳簿を総勘定元帳といい、この書き写す作業を転記といいます。勘定科目とは、取引内容を分類するためにつけられた名称です。事業を行うにあたっては、様々な取引がなされま

す。そのたびに、取引の記録がなされていくわけですが、その取引が何であるのかがわからなければ、お金の流れを理解することができません。そのため、勘定科目を用い、取引内容を明確にするのです。

② 補助簿の種類

補助簿には「補助記入帳」と「補助元帳」があります。補助記入帳は、特定の取引についての明細な記録を行う帳簿をいい、補助元帳は、特定の勘定についての明細を記録する帳簿です。補助簿には多くの種類があり、各会社で必要に応じた補助簿を決定します。

総勘定元帳から貸借対照表と損益計算書への振分け

一般的に試算表とは、合計残高試算表を指し、貸借対照表と損益計算書のセットのことです。この試算表は日々の仕訳処理が仕訳帳から各勘定科目ごとの総勘定元帳へ展開され、各勘定科目の総勘定元帳から貸借対照表と損益計算書へ振り分けられることにより完成します。

■ 補助簿の種類 ……………………………………………………

補助記入帳	
現金出納帳	現金の入金・出金・残高の記録
当座預金出納帳	当座預金の預け入れ・引き出し・残高の記帳
小口現金出納帳	小口現金の収支の明細を記録
仕入帳	仕入れた商品・製品・材料と金額の記帳
売上帳	販売した商品・製品・サービスと金額を記帳
補助元帳	
商品有高帳	商品の出入りと残高を記録
仕入先元帳	仕入先ごとに仕入れた商品・製品・材料・金額内容を記帳／買掛金の支払いを記帳
得意先元帳	得意先ごとに販売した商品・製品・サービス・金額内容を記帳／売掛金の回収を記帳

3 消費税とはどのような税金なのか

消費者が広く公平に負担する間接税である

消費税とはどんな税金か

消費税とは、「消費をする」という行為に税を負担する能力を認め、課される税金です。

消費税を負担するのは法人・個人にかかわらず消費行為をした「消費者」です。消費税は、消費者から商品やサービスの代金といっしょに徴収されますが、実際には誰が納付するのでしょうか。

消費税は、実は税金を徴収した店や会社が納付することになっています。このように税の負担者が直接納付せず、負担者以外の者が納付するしくみの税金を間接税といいます。

店や会社などが消費税を徴収する場合、その表示方法は「税込」価格として本体価格と消費税を総額で表示することが原則となっています。令和元年10月1日より、消費税の税率が8％から10％に引き上げられ、それと同時に消費税の軽減税率制度が開始され、また令和5年10月1日からは適格請求書等保存方式（インボイス）が導入されます。

具体例で見る流通の流れと消費税の申告・納付

消費税は、店や会社などの事業者が消費者の代わりに徴収して納めるしくみです。買い物をしたときに店から受け取るレシートを見ると、「本体○○円、消費税××円」というように、内訳に消費税額が記載されています。しかし、この金額は、そっくりそのまま税務署へ納められるわけではありません。

消費税を納めるべき事業者は、商品やサービスを消費者へ供給する立場ですが、一方で商品を仕入れたり備品などを購入するため、消費

者の立場でもあります。つまり、事業者は物品の購入等と共に税を負担し、消費者からは、売上と共に税を徴収しているということになります。

　もし、徴収した税額のみを納めた場合、自身が負担した消費税はコストの一部となり、販売金額に上乗せされてしまいます。そうなると、税額が流通ルートに乗って、雪だるま式にふくれあがってしまうわけです。消費税の計算は、このような「税の累積」を排除するため、徴収した税額から負担した税額を控除して納めるしくみになっています。

　なお、消費税は間接税という性質上、たとえ事業が赤字であったとしても納税義務が生じる場合があります。詳しくは後述しますが、消費税は消費行為を行った時点で発生するため、代金が回収できていなくても納税義務が生じる場合もあります。

■ 消費税のしくみ ……………………………………………………

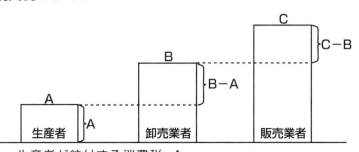

生産者が納付する消費税　A
卸売業者が納付する消費税　B－A
販売業者が納付する消費税　C－B
納付される消費税の合計　=A+(B－A)+(C－B)
　　　　　　　　　　　　=C
　　　　　　　　　　　　=最終消費者が負担する消費税

課税取引・非課税取引・不課税取引について知っておこう

課税の対象となるための要件をおさえる

消費税が課される取引と課されない取引がある

消費税法では、消費行為を国内取引と輸入取引とに分けて考えます。まず国内取引から見ていきます。消費税の課税対象となる消費行為とは、①「国内において」、②「事業者が事業として」、③「対価を得て（代金を受け取ること）行う」、④「資産の譲渡等」、または「特定仕入」と定められています。

逆に、上記①～④のうちいずれか1つでもあてはまらないような取引、または特定仕入に該当しない取引は、消費税が課されない「不課税取引」となります。また、これらに該当する取引の中でも、後述するように特別に課税されない「非課税取引」というものもあります。

次に輸入取引ですが、税関から国内に持ち込まれる外国貨物については、消費税が課されるというしくみです。反対に国外へ輸出する貨物等については、消費税が免除されます。これは、日本国内で消費されたものにのみ課税し、国際間の二重課税を防ぐためのものです。

以下は国内取引に関する内容です。課税取引とはどのようなものをいうのか、もう少し詳しく見ていきましょう。

課税取引とは

課税取引とは、上記①～④に定められる取引または特定仕入であり、さらに掘り下げると次のとおりになります。

① 「国内において」とは

資産の譲渡または貸付を行う場合には、その資産の所在場所が国内であるかどうかによって国内取引を判定します。

役務の提供を行う場合には、その提供の場所が国内であるかどうかによって国内取引を判定します。

② 「事業者が事業として」とは

　事業者とは、事業を行う法人や個人のことです。個人の場合、店舗や事務所を経営する人の他、医師や弁護士、税理士なども事業者に該当します。法人は株式会社などのことです。国や都道府県、市町村、宗教法人や医療法人、代表者の定めのある人格のない社団等も法人に該当します。「事業」とは、対価を得て行われる取引を自ら繰り返し行うことです。法人が行う取引はすべて「事業として」行ったものとなります。

　一方、個人事業者の場合は、仕事以外の普段の生活における消費行為については、「事業として」行ったものではないため、除いて考える必要があります。

③ 「対価を得て行う」とは

　資産の譲渡、貸付、役務の提供を行った見返りとして代金を受け取ることをいいます。

　対価を得ず、無償で資産を譲渡した場合も、その譲渡した相手と利害関係があれば、対価を得ているとみなされる場合があります。たとえば法人がその役員に自社製品を贈与した場合、実際は対価を得ていなくても、対価を得て製品を販売したことになり、課税取引として申告しなければなりません。これをみなし譲渡といいます。また、定価よりも著しく低い値段で譲渡した場合、相手が法人の役員や個人事業主であれば、実際の低い値段ではなく、定価で販売したものとして申告しなければなりません。このような取引を低額譲渡といいます。

④ 「資産の譲渡等」とは

　資産の譲渡等とは、資産の譲渡、貸付、役務の提供をいいます。つまり、物品や不動産などを渡す行為、貸し付ける行為、サービスを提供する行為です。

また、特定仕入とは、事業者向け電気通信利用役務の提供、及び特定役務の提供のことです。これらは、国外でサービスの提供が行われたとしても消費税が課されます。

・事業者向け電気通信利用役務の提供

インターネットなどを介する電子書籍・音楽・広告の配信等のサービスの提供のことです。

・特定役務の提供

国外事業者が行う演劇等の役務のことです。

なお、特定仕入の場合は、リバースチャージ方式といって、国外事業者に代わり役務の提供を受けた国内事業者（課税売上割合が95％未満で、かつ簡易課税制度を適用しない場合）に対して消費税の納税義務が課されます。

非課税取引とは

消費税の課税対象となる取引のうち、その性格上課税することが適当でない、もしくは医療や福祉、教育など社会政策的な観点から課税すべきではない、という大きく分けて2つの理由により、消費税が課されない取引があります。本来は課税取引に分類されるべきですが、特別に限定列挙して課税しないという取引です。これらの取引を非課税取引といいます。

不課税取引とは

消費税の課税対象は、①「国内において」、②「事業者が事業として」、③「対価を得て行う」、④「資産の譲渡等」、または「特定仕入」です。これらの要件に1つでもあてはまらない取引は、課税の対象から外れます。このような取引を不課税取引といいます。たとえば、国外で行った取引、賃金給与の支払い、試供品の配布、寄附などはこの不課税取引に該当します。

非課税取引と不課税取引の違い

　非課税取引も不課税取引も、対象とする取引に消費税がかからない点においては同じです。しかし、非課税取引は本来課税取引としての要件を満たしているにもかかわらず、政策的な配慮などの理由によりあえて非課税として扱うのに対して、不課税取引はそもそも課税取引の要件を満たしていません。したがって、両者はその性質が異なります。

　特に、消費税を考慮する上で両者が大きく異なってくるのは、課税売上割合（課税売上高／売上高）を計算する場合です。非課税売上の場合には分母の売上高に金額を含めますが、不課税売上の場合には含めません。課税売上割合は、仕入税額控除の計算（209ページ）などに影響します。

■ 非課税取引 ·······································

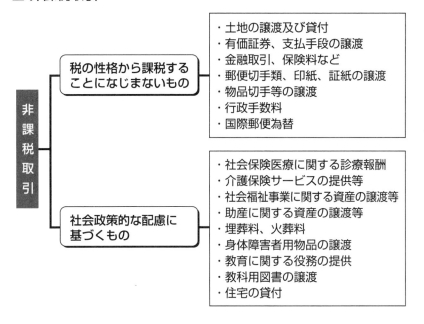

5 納税事業者や課税期間について知っておこう

まずは課税事業者か免税事業者かを判定するところからはじまる

納税義務者はどうなっているのか

　税金を納める義務のある者のことを「納税義務者」といいます。消費税の納税義務者は、「事業者」と「外国から貨物を輸入した者」です。「事業者」とは、個人で商売を営む経営者や会社など、事業を行う者のことです。

　ただし、すべての「事業者」が納税義務者になるわけではありません。小規模の会社や個人経営者にとっては、本業の経営を行う傍らで税金を計算するという作業は非常に負担がかかります。このような小規模事業者への配慮から、前々年度の課税売上が1,000万円以下であるなど一定要件を満たす事業者については、消費税を納付する義務がありません。

　なお、消費税を納める義務がある事業者のことを課税事業者、消費税を納める義務がない事業者のことを免税事業者といいます。

課税期間とは

　課税期間とは、消費税を申告するための計算単位となる期間のことをいいます。個人の場合は1月から12月までの暦年、法人の場合は年度の期首（決算期間の初日）から年度末（決算期間の最終日）までの一事業年度が課税期間です。「課税事業者」は、この課税期間中に行った取引について、納めるべき消費税を計算して納付します。また、一定の手続きを行うことにより、特例として課税期間を3か月間または1か月間ごとに短く区切ることができます。これを課税期間の短縮といいます。

納税義務が免除されるのはどんな場合か

　国内で事業を行う事業者の中にも、納税義務が免除される場合があります。納税義務が免除されるかどうかは、前々年度の課税売上で判定するということを前述しました。このように、判定の基準となる期間のことを基準期間といいます。

　個人事業者の場合、課税期間は１月から12月までの暦年で区切られます。したがって前々年がそのまま基準期間となります。たとえ基準期間の途中で開業した場合でも、法人のように換算計算などは行いません。

　一方、法人の基準期間は、１年決算法人の場合、その事業年度の前々事業年度です。前々事業年度が１年未満である場合は、その事業年度開始日の２年前から１年間に開始した各事業年度をあわせた期間が基準期間となります。基準期間が１年でない法人の基準期間における課税売上高については、たとえば６か月法人であれば２倍、というように１年分に換算し直して計算します。

　基準期間は免税事業者の判定の他に、消費税額の計算方法のひとつである簡易課税制度適用の可否を判定する場合にも利用します。

　納税義務の免除に関する説明に戻ります。免税事業者になる場合と

■ 納税事業者と課税期間 ･･････････････････････････････････････

（輸入取引）外国から貨物を輸入した者
（国内取引）事業を行う法人・個人　➡　納税義務者

事業年度が 4/1～3/31の法人の場合	課税期間を 3か月に短縮する届出を行った場合			
4/1 ～ 3/31	4/1～ 6/30	7/1～ 9/30	10/1～ 12/31	1/1～ 3/31
課税期間	課税期間	課税期間	課税期間	課税期間

は、基準期間中の課税売上高が1,000万円以下である場合です。課税売上高とは、消費税の対象となる収入の合計金額です。なお、基準期間が前々事業年度であるということは、設立したばかりの法人については、基準期間がないということになります。そこで、設立1年目または2年目で基準期間がない法人は、基準期間における課税売上高もないため、免税事業者となります。ただし、例外として課税事業者に該当する場合もありますので、注意が必要です。

　免税事業者となった課税期間において、多額の設備投資を行うなど消費税の還付を受ける場合は、届出を提出することにより課税事業者の選択をすることができます。ただし、いったん課税事業者の選択を行うと、2年間は継続して適用されます。課税事業者の選択をする場合には、翌課税期間以降のことも考慮して、慎重に検討する必要があります。

特定期間の課税売上高によって課税事業者となるケース

　基準期間の課税売上高が1,000万円以下でも、前事業年度開始の日から6か月間の課税売上高が1,000万円を超える場合には納税義務は免除されず、課税事業者として取り扱われます。

　前事業年度開始の日以後6か月間の期間のことを特定期間といいます。前事業年度が7か月以下である場合は、前々事業年度開始の日以後6か月間が適用されます。

　なお、判定の基準については、課税売上高に代えて、支払った給与等の金額の合計額で判定することもできますので、いずれか有利な方法を選択します。

資本金1,000万円以上の新設法人は課税事業者となる

　資本金が1,000万円以上ある新設法人の場合は、納税義務が生じます。新設法人は基準期間がないので、通常であれば免税事業者です。しかし、ある程度の規模の法人については、納税する資金力があるも

のとみなされ、特別に課税事業者にされてしまうというわけです。判定のタイミングは、「事業年度開始の日」の状態です。たとえば法人設立時の資本金は1,000万円であったが、期中に減資を行い、2年目の期首には資本金が900万円になっていたとします。この場合、1年目は課税事業者ですが、2年目は免税事業者という取扱いになります。

なお、資本金1,000万円未満であっても課税事業者となってしまうケースもあります。

▌資本金1,000万円未満の法人が課税事業者になるケース

資本金が1,000万円未満であっても、特定新規設立法人（売上5億円超の法人から50％超などの出資を受けている一定の法人）に該当する場合には課税事業者になりますので、注意が必要です。

■ 免税事業者となる場合 ････････････････････････････････････

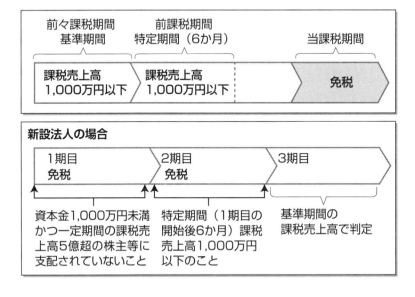

原則課税方式による消費税額の算定方法

預かった消費税から支払った消費税を控除するのが原則

原則課税方式とはどのような計算方法か

　事業者が納付する消費税額は、課税期間中に消費者から徴収した消費税から、事業者自身が負担した消費税額を差し引いて計算します。このような消費税の計算方法を原則課税方式といいます。一方、負担した消費税額を計算するためには、課税仕入に含まれる消費税額を計算し、この消費税額が課税仕入等（特定仕入も含む）に対する消費税額となります。

　消費税額は、課税標準額に税率を掛けたものから、課税仕入等に対する消費税額を控除して計算します。

　ここからは、原則課税方式について見ていきましょう。

① 課税標準額を求める

　課税標準額は、税率ごと（標税税率10％及び軽減税率8％）に区分した課税資産の譲渡等の税込価額の合計額に、110分の100または108分の100を掛けた金額となります。課税期間の末日までに対価の額が確定していないときは、同日の現況によりその金額を適正に見積もることになります。

　課税標準額を計算するときに注意しなければならないのは、課税売上に該当するのかどうかの判定です。本業による売上以外（たとえば営業外収益や固定資産売却）にも課税収入があれば、課税標準に含めなければなりません。

　また、輸入取引の課税標準は、関税課税価格（通常は輸入港までの保険料や運賃料を加えたCIF価格）に、関税及び個別消費税額を合計した金額となります。

この場合の個別消費税には、その課税貨物の保税地域からの引取りに関する酒税、たばこ税、揮発油税、石油石炭税、石油ガス税等があります。

② 消費税額を求める

上記の税込金額を税抜金額に割り戻した課税標準額に、税率を掛けて、消費税額（割戻し計算）を算出します。この金額を、「課税標準額に対する消費税額」といいます。ここでの税率は地方消費税を含めません。軽減税率などで税率が複数ある場合には、対応する課税標準もそれぞれの税率ごとに集計することになります。ただし、令和5年10月1日以降のインボイス制度（213ページ）導入後は、適格請求書（インボイス）に記載した消費税額等の合計額に100分の78を掛けた額を「課税標準額に対する消費税額」とする特例（積上げ計算）も認められます。

地方消費税は、課税標準額に対する消費税額に、後述する控除対象仕入税額等を控除した差引税額に地方消費税率の割合（地方消費税率／国税分の消費税率。標準税率の場合は2.2／7.8、軽減税率の場合は1.76／6.24）を掛けて算出します。

■ 消費税額の計算方法 ……………………………………………

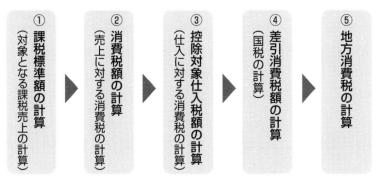

③　控除対象仕入税額等を計算する

　課税期間中に行った課税仕入の合計金額を把握する必要があります。課税仕入には、仕入、経費以外に、営業外費用や固定資産の購入等を行った場合も含まれます。このような課税期間中のすべての支出に関する取引を、課税、非課税、消費税対象外のいずれかに分類した上で、課税に分類された取引の税込金額を集計します。税率が10％（国税7.8％、地方税2.2％）の場合、課税仕入の合計金額に110分の7.8を掛けた金額が「控除対象仕入税額」です（割戻し計算）。たとえば課税仕入の合計が1,100,000円であった場合、控除対象仕入税額は1,100,000×7.8／110＝78,000円となります。これは最も基本的な控除対象仕入税額の計算方法です。実際はこれに様々な調整計算が加わります。

　ただし、令和5年10月1日以降のインボイス制度導入後は、割戻し計算の他、積上げ計算も認められます。課税売上に対する消費税額の計算と異なるのは、課税売上の場合の原則は割戻し計算で、特例が積上げ計算であるのに対して、課税仕入の場合の原則は積上げ計算で、特例が割戻し計算であることです。さらに、課税売上で積上げ計算をした場合には課税仕入も積上げ計算をしなければならないことに留意が必要です。

▌非課税売上のために行った仕入で負担した消費税

　非課税売上の場合、最終消費者は消費税を負担しません。したがって仕入により事業者が負担した消費税については、最終消費者へ税の「転嫁」はされません。そのため、非課税売上のための仕入に対する消費税額については、仕入を行った事業者が負担することになります。

　では、課税売上及び非課税売上共通の取引（たとえば、建物と土地の販売）のために行った課税仕入が発生した場合に、その非課税売上部分に対応する消費税を除外する金額はどのようにして計算するのでしょうか。まずは、「課税売上割合」を計算するところからはじまります。

課税売上・免税売上・非課税売上の合計金額のうち課税売上・免税売上の占める割合を、課税売上割合といいます。そして、非課税売上のための課税仕入だけを抽出することは困難であるため、便宜上消費税額から「消費税額×課税売上割合」を控除して計算するというわけです。

なお、仕入税額控除に関して、課税売上割合が95％以上である場合、非課税売上はないものとみなされ、課税仕入に対する消費税額は全額

■ 個別対応方式と一括比例配分方式 ……………………………

◆個別対応方式
課税期間中の課税仕入に対する消費税額のすべてを次のように区分する

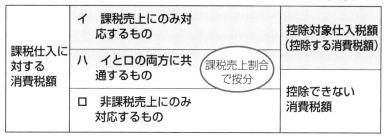

次の算式により計算した控除対象仕入税額を、課税期間中の課税売上に対する消費税額から控除する

$$\boxed{控除対象仕入税額} = \boxed{イの消費税額} + \boxed{(ハの消費税額×課税売上割合)}$$

◆一括比例配分方式

次の算式により計算した控除対象仕入税額を、課税期間中の課税売上に対する消費税額から控除する

$$\boxed{控除対象仕入税額} = \boxed{課税仕入に対する消費税額} \times \boxed{課税売上割合}$$

控除することができます。ただし、課税売上高5億円超の大規模事業者は、課税売上割合が95％以上の場合でも、課税仕入に対する消費税額は全額控除できません。

課税売上割合が95％未満の課税事業者、及び課税売上高5億超かつ課税売上割合95％以上の課税事業者について

非課税売上のための課税仕入にかかった税額は、控除対象仕入税額から除外します。その計算方法は、①個別対応方式、②一括比例配分方式の2つがあります。

① 個別対応方式

課税仕入を㋑課税売上に対応する課税仕入、㋺非課税売上に対応する課税仕入、㋩課税売上・非課税売上共通の課税仕入、の3つに分類します。分類できる課税仕入は極力分類して計算するということです。

なお、不課税売上に対応する課税仕入は㋩に含めるため、実務上はまず課税売上のみに対応するものを㋑、非課税売上のみに対応するものを㋺に集計し、㋑にも㋺にも属さないものを㋩として集計することになります。㋑に含まれる消費税額は全額が控除対象仕入税額となります。㋺に含まれる消費税額については控除対象仕入税額の対象外となります。㋩に含まれる消費税額は、課税売上割合に応じた金額が控除対象仕入税額となります。つまり、控除対象仕入税額の計算は以下のようになります。

控除対象仕入税額＝

㋑×7.8／110＋㋩×7.8／110×「課税売上割合」

---

② 一括比例配分方式

課税仕入に対する消費税額全額に、課税売上割合を掛けて控除対象仕入税額を計算する方法です。控除対象仕入税額の計算は以下のよう

になります。

> 控除対象仕入税額＝
> 課税仕入に対する消費税額×7.8 ／ 110×「課税売上割合」

　課税仕入を分類する必要がないため、①より簡便な方法だといえます。ただし、一度選択すると２年間継続して適用しなければなりません。

調整対象固定資産の調整計算について

　税抜100万円以上の一定の固定資産（調整対象固定資産）を購入した場合には、以下のような特例があります。

・課税売上割合が著しく増減する場合の仕入税額控除の調整

　課税売上割合の変動が激しい時期に、高額の固定資産を購入した場合、仕入税額控除にも大きく影響します。割合が通常よりも高ければ得するものの、低ければ損をするというわけです。

　この課税の不公平感を解消するため、調整対象固定資産を購入し、その購入年度を含んだ向こう３期分の通算課税売上割合が、購入年度の課税売上割合と比較して著しく増加または減少したときは、その３期目の課税期間で、調整対象固定資産の消費税額に課税売上割合の増減差を掛けた額について仕入税額控除の調整をします。

　この仕入税額控除を調整できる場合は、原則課税方式を選択しており、一括比例配分方式で消費税を計算している場合、または仕入に対する消費税が全額控除できる場合に適用できます。

・調整対象固定資産の転用による仕入税額控除の調整

　調整対象固定資産の購入日から３年以内に、課税業務用から非課税業務用にあるいは非課税業務用から課税業務用に転用したときは、転用した日の属する課税期間の仕入に対する消費税額から、その転用した日までの期間に応じた一定の消費税額を増減させる方法により調整します。

返品や値引き、貸倒れの取扱いについて

　売上の返品や値引きを行った場合、課税売上であれば消費者への代金の返還も消費税込で行います。この返還した部分の消費税は、控除対象仕入税額と同様、事業者が納付すべき消費税から控除することができます。値引き、返品のことを消費税法上売上対価の返還等といいます。得意先の倒産等の理由で、売掛金等が回収できなくなることを貸倒れといいます。貸倒れ部分に含まれる消費税分も、売上対価の返還等と同様に控除することができます。

消費税額の調整や端数処理について

　消費税の計算を行う場合、課税標準額、課税仕入に対する消費税額、差引税額の各段階で端数処理を行います。この端数計算の方法について見ていきましょう。課税標準額は、課税売上高の税抜価格を求めた後に千円未満の端数を切り捨てて計算します。課税仕入に対する消費税額、売上対価の返還等に対する消費税額、貸倒れに対する消費税額の計算を行う場合、それぞれで発生した1円未満の端数については、切り捨てて計算します。

　差引税額の計算を行う場合、課税標準額に対する消費税額から課税仕入等に対する消費税額を控除した後、その残額に100円未満の端数があるときは、端数を切り捨てて計算します。中間納付税額も100円未満の端数を切り捨てて計算します。

帳簿等を保存する

　事業者は、課税仕入等に対する消費税額の控除を受けるためには、原則として帳簿及び事実を証明する請求書等（令和5年10月1日以降の取引は適格請求書等）の両方を保存しなければなりません。これらの帳簿及び請求書等は、7年間保存することになっています。

7 インボイス制度について 知っておこう

令和5年10月から適格請求書等（インボイス）へ移行される

区分記載請求書等と適格請求書等

令和元年10月以降は、軽減税率8％と標準税率10％が併存している
ため、経理上は主に請求書等の記載内容や会計帳簿への記載方法に留
意する必要があります。請求書等については、具体的には、軽減税率
制度が開始された令和元年10月1日から令和5年9月30日までの取引
は「区分記載請求書等制度」が適用されており、そして令和5年10月
1日からの取引より「インボイス制度（適格請求書等制度）」が適用
されます。

区分記載請求書等の記載事項（令和5年9月30日以前の取引）

区分記載請求書等制度では、売り手は買い手からの求めに応じて次
のような記載事項を完備した区分記載請求書等を買い手に交付する必
要があります。
① 区分記載請求書等発行者（売り手）の氏名または名称
② 取引年月日
③ 取引の内容（軽減税率の対象資産の譲渡等があればその旨）
④ 税率ごとに区分して合計した課税資産の譲渡等の対価の額（税込額）
⑤ 書類の交付を受ける事業者（買い手）の氏名または名称

区分記載請求書等の主な特徴として、取引の内容には、軽減税率の
対象資産があればそのことを記載する必要があり、対価の額には、税
率ごとに区分した税込額を記載する必要があります。なお、不特定多
数の者に対して販売等を行う小売業等については、買い手の氏名等の
記載を省略できます。

また、会計帳簿には「仕入先の氏名または名称」「取引年月日」「取引の内容」「取引金額」の他に、その商品が軽減税率8％の対象であれば取引の内容に「軽減税率の対象品目である旨」を明記する必要があります。つまり、その取引が軽減税率の対象であるのかどうかを帳簿上区分しておく必要があるということです。そして、消費税の仕入税額控除を受けるには、軽減税率の対象品目と税率ごとに合計した税込価額が明記された区分記載請求書等を入手・保存しておく必要があります。

▌「軽減対象資産の譲渡等である旨」の記載の仕方

　軽減税率の対象となる商品がある場合には、請求書等に軽減対象資産の譲渡等であることが客観的に明らかだといえる程度の表示が必要であり、たとえば請求書に次のいずれかのように記載します。

・個々の取引ごとに8％や10％の税率を記載する
・8％の商品に「※」や「☆」といった記号や番号等を表示し、かつ、「※（☆）は軽減対象」などと表示することで、軽減対象資産の譲渡等である旨」を明らかにする
・8％の商品と10％の商品とを区別し、8％として区別されたものについて、その全体が軽減税率の対象であることを記載する

■ 会計帳簿の記載例 ……………………………………………

総勘定元帳（仕入）			
月　日	相手科目	摘　　要	借　方
10/31	現金	○○食品㈱　※米・牛肉　10月分	19,440
10/31	現金	○○食品㈱　　　ビール　10月分	6,600
			※軽減税率対象

区分記載請求書等の場合も適格請求書等の場合も、「軽減税率の対象品目である旨」を追記する

・8％の商品と10％の商品で請求書を分けて作成し、8％の請求書には軽減税率の対象であることを記載する

適格請求書等の記載事項（令和5年10月1日以降の取引）

インボイス制度では、売り手（課税事業者）は買い手からの求めに応じて次のような記載事項を完備した適格請求書等を買い手に交付し、また交付した適格請求書の写しを保存する義務が課されます。

① 適格請求書発行事業者（売り手）の氏名または名称及び登録番号
② 取引年月日
③ 取引内容（軽減税率の対象品目である場合はその旨）
④ 税率ごとに合計した対価の額（税抜または税込）及び適用税率
⑤ 税率ごとに区分して合計した消費税額等
⑥ 書類の交付を受ける事業者（買い手）の氏名または名称

区分記載請求書等とは次の点が異なります。①の売り手の氏名等には、適格請求書発行事業者としての登録番号の記載が追加されます。登録番号は、法人の課税事業者の場合は「T＋法人番号（13桁）」であり、個人事業者や人格のない社団などの課税事業者は「T＋13桁」の番号となります。④の対価の額には、税率ごとの合計の対価の額が税抜または税込で記載することになり、適用税率の記載が追加されます。⑤では、消費税額の記載が追加されます。

なお、会計帳簿への記載事項は、区分記載請求書等の場合と同じです。

免税事業者からの課税仕入の取扱いはどう変わる

適格請求書等を発行するには、事前に税務署へ一定の申請を行って適格請求書発行事業者として登録を受けておく必要があります。この登録は課税事業者でないと行えないルールとなっていますので、免税事業者は課税事業者に変更しない限り適格請求書等の発行ができません。

また、課税仕入に対する仕入税額控除の適用を受けるには、適格請

求書発行事業者が発行する適格請求書等を受領する必要があるため、免税事業者が発行する請求書等では、令和5年10月以降は原則として仕入税額控除を受けることができなくなります。ただし、区分記載請求書等と同様の事項が記載された請求書等を保存し、帳簿に軽減税率に関する経過措置の規定の適用を受けることが記載されている場合には、次の一定期間においては仕入税額相当額の一定割合を仕入税額として控除できる経過措置が設けられています。

・令和5年10月1日から令和8年9月30日までの期間は仕入税額相当額の80%
・令和8年10月1日から令和11年9月30日までの期間は仕入税額相当額の50%

インボイス制度で認められる請求書等には次のものがあります。

・適格請求書または適格簡易請求書
・仕入明細書等（適格請求書の記載事項が記載されており、相手方の確認を受けたもの）
・卸売市場において委託を受けて卸売の業務として行われる生鮮食品等の譲渡及び農業協同組合等が委託を受けて行う農林水産物の譲渡について、委託者から交付を受ける一定の書類
・上記の書類に関する電磁的記録（電子ファイル等）

適格簡易請求書とは

不特定多数の者に対して販売等を行う小売業、飲食店業、タクシー業等については、通常の適格請求書等とは異なり次の通り記載事項を一部簡略化した「適格簡易請求書」を交付することができます。

① 適格請求書発行事業者（売り手）の氏名または名称及び登録番号
② 取引年月日
③ 取引内容（軽減税率の対象品目である場合はその旨）
④ 税率ごとに合計した対価の額（税抜または税込）

⑤　税率ごとに区分して合計した消費税額等または適用税率

　適格請求書との違いは、買い手の氏名（名称）の記載が不要であること、また消費税額等または適用税率のいずれかを記載（適格請求書は両方とも記載）すればよいことになっています。

適格請求書の交付義務が免除される場合

　不特定多数の者などに対してその都度適格請求書を交付するのも実務上困難が生じる場合があり、以下の取引は適格請求書の交付義務が免除されます。

①　船舶、バスまたは鉄道による旅客の運送（3万円未満のもの）
②　出荷者等が卸売市場において行う生鮮食料品等の譲渡（出荷者から委託を受けた受託者が卸売の業務として行うもの）
③　生産者が行う農業協同組合、漁業協同組合または森林組合等に委

■ 適格請求書の記載例（令和5年10月1日以降）……………

```
株式会社○○御中
                        請求書
                    東京都XX区XX1-23-4
                        ○○株式会社
                (登録番号 TXXXXXXXXXXXX)
                    令和5年10月分
```

月日	品名	金額
10 / 1	米 ※	10,800 円
10 / 8	牛肉 ※	8,640 円
10 /20	ビール	6,600 円
合計		26,040 円

```
( 8%対象  18,000円  消費税 1,440円)
(10%対象   6,000円  消費税  600円)
※軽減税率対象
```

託して行う農林水産物の販売（無条件委託方式かつ共同計算方式により生産者を特定せずに行うもの）

④　自動販売機及び自動サービス機により行われる課税資産の譲渡等（３万円未満のもの）

⑤　郵便切手類を対価とする郵便・貨物サービス（郵便ポストに差し出されたもの）

■インボイス（適格請求書等）を発行するための手続き

　適格請求書等を発行できるようにするためには、「適格請求書発行事業者の登録申請書」を納税地を所轄する税務署長に提出する必要があります（郵送により登録申請書を提出する場合の送付先は、各国税局のインボイス登録センター）。インボイス制度の開始日である令和５年10月１日から適格請求書等を発行するには、原則として令和５年３月31日までに登録申請書を提出しなければなりません。ただし、登録申請書を提出できなかったことにつき困難な事情がある場合には、令和５年９月30日までの間に登録申請書にその困難な事情を記載して提出し、税務署長により適格請求書発行事業者の登録を受けたときは、令和５年10月１日に登録を受けたこととみなされます。適格請求書発行事業者の情報は、「国税庁適格請求書発行事業者公表サイト」において、適格請求書発行事業者の氏名または名称、本店または主たる事務所の所在地（法人の場合）、登録番号、登録年月日、登録取消年月日・登録失効年月日が公表されます。個人事業者も任意で主たる屋号や主たる事務所の所在地等の公表が可能です。

　なお、免税事業者が登録を受けるためには、原則として、「消費税課税事業者選択届出書」を提出し、課税事業者となる必要がありますが、登録日が令和５年10月１日から令和11年９月30日までの日の属する課税期間中である場合は、課税選択届出書を提出しなくても登録申請書のみを提出することで登録を受けることができます。

8

簡易課税制度はどんなしくみになっているのか

みなし仕入率を利用した簡便な計算方法である

簡易課税制度とは

　簡易課税制度とは、消費税の計算をより簡便な方法で行うことのできる制度です。課税売上に対する消費税額から、控除対象とすることができる課税仕入に対する消費税額を、「みなし仕入率」を利用して売上から概算で計算するというのが、原則課税方式と異なる点です。簡易課税制度を採用した場合、課税仕入、非課税仕入の分類、課税売上割合の計算、課税仕入の売上と対応させた分類をする必要がありません。

　この制度は、「基準期間における課税売上高」が5,000万円以下である事業者にのみ適用されます。ただし、事業者の届出による選択適用であるため、「簡易課税制度選択届出書」を税務署へ提出しておく必要があります。届出を提出すると、翌事業年度から簡易課税制度が適用されます。簡易課税制度選択届出書は、不適用届出書を提出しない限り、その効力は失われないため、適用の途中で基準期間における課税売上高が5,000万円を超えたり、免税事業者になっても、その後の基準期間において課税売上高が5,000万円以下の課税事業者になれば、簡易課税制度の適用を受けることになります。

　簡易課税制度は、一度選択すると2年間継続適用されるので、翌期の納付税額のシミュレーションなどを行い、原則課税方式と比較検討する必要があります。

簡易課税制度ではどのように消費税を計算するのか

　簡易課税制度では、売上に対する消費税のうち何割かは控除対象仕入税額として控除すべき金額が占めているという考え方をします。控

除対象仕入税額が占めている割合は、売上のうちに仕入が占める割合と一致しているとみなして、業種ごとにみなし仕入率が定められています。この「みなし仕入率」を課税標準額に対する消費税額に掛けることにより控除対象仕入税額を算出するという方法です。具体例を挙げて見てみましょう。

　たとえば卸売業を営む場合、みなし仕入率は90％です。業種ごとのみなし仕入率については上図を参考にしてください。課税売上高が税抜2,000万円の場合、納付税額はどうなるのでしょうか。税率が10％であるとすると、課税売上に対する消費税額（便宜的に地方消費税も含む）は、2,000万円×10％＝200万円です。次に、控除対象仕入税額（便宜的に、課税売上の場合と同様に地方消費税も含む）ですが、これを課税売上の90％とみなして計算することができるわけです。控除仕入税額は、2,000万円×10％×90％＝180万円となります。したがって、差引納付税額は、200万円－180万円＝20万円となります。

簡易課税制度はどんな取引に適用されるのか

　仕入税額控除が多くなると、当然納める税額が少なくなります。つまり納税者に有利な結果ということです。簡易課税制度を選択した方が有利になる場合とは、実際の仕入率よりみなし仕入率の方が大きい場合です。

複数事業の場合のみなし仕入率の計算方法

　簡易課税制度を選択した事業者が複数の事業を営んでいる場合には、課税売上に対する消費税額を業種ごとに分類し、みなし仕入率を以下のように計算するのが原則的な方法です。

（第1種事業に対する消費税額×90％＋第2種事業に対する消費税額×80％＋第3種事業に対する消費税額×70％＋第4種事業に対す

る消費税額×60％＋第5種事業に対する消費税額×50％＋第6種
事業に対する消費税額×40％）／全売上に対する消費税額の合計

　ただし、1種類または2種類の業種で課税売上高の75％以上を占め
るような場合は、例外として、以下の簡便法によりみなし仕入率を計
算することもできます。
　1種類の事業で課税売上高の75％以上を占めている事業者は、その
業種のみなし仕入率を全体に適用できます。
　3種類以上の事業を営む事業者で、そのうち2種類の事業で課税売
上高の75％以上を占めている場合は、その2事業のうちみなし仕入率
の高い方の事業の課税売上高については、その高いみなし仕入率を適
用し、それ以外の課税売上高については、その2事業のうち低い方の
みなし仕入率をその事業以外の課税売上に対して適用できます。複数
の事業を営む事業者が、事業ごとの課税売上高を区分していない場合
は、最も低いみなし仕入率を全体に適用して計算します。

■ 業種ごとのみなし仕入れ率 ……………………………………

第1種事業	卸売業（みなし仕入率90％）
第2種事業	小売業（みなし仕入率80％）
第3種事業	農業・林業・漁業・鉱業・建設業・製造業・電気業・ガス業・熱供給業・水道業（みなし仕入率70％）（※）
第4種事業	第1種～第3種、第5種及び第6種事業以外の事業たとえば飲食店業等（みなし仕入率60％）
第5種事業	第1種～第3種以外の事業のうち、運輸通信業・金融業・保険業・サービス業（飲食店業に該当するものを除く）（みなし仕入率50％）
第6種事業	不動産業（みなし仕入率40％）

※食用の農林水産物を生産する事業は、消費税の軽減税率が適用される場合において、第2種事業として
　みなし仕入率が80％となる。

税込経理方式と税抜経理方式の違いについて知っておこう

消費税額を売上額に含めるかどうかという違いがある

消費税の会計処理方式にはどんなものがあるのか

　消費税の会計処理方式には「税込経理方式」と「税抜経理方式」があります。税込経理方式とは、帳簿上本体価格と消費税額を含めた額で取引を表示する方法です。

　税抜経理方式とは、帳簿上本体価格と消費税額を「仮受消費税等」と「仮払消費税等」に都度分けて表示する方法です。消費税「等」には、地方消費税が含まれています。

　税込経理方式による会計処理は以下のとおりです。

（売掛金）220,000 ／（売上）220,000

（仕入）110,000 ／（買掛金）110,000

　税抜経理方式による会計処理は以下のとおりです。

（売掛金）220,000 ／（売上）200,000

　　　　　　　　　　　（仮受消費税等）20,000

（仕入）100,000 ／（買掛金）110,000

（仮払消費税等）10,000

　期末において、納付すべき消費税額を計算したときの会計処理は、それぞれ次のようになります。

　税込経理方式の場合は、納付すべき消費税額として計算された金額をそのまま「租税公課」として計上します。納付すべき消費税額が上記の消費税10,000（＝20,000－10,000）のみであった場合、課税期間の消費税として以下の仕訳を行います。

（租税公課）10,000 ／（未払消費税等）10,000

　税抜経理方式の場合、期末における「仮受消費税等」と「仮払消費

税等」については、反対仕訳を行い、差額を納付すべき消費税額として、「未払消費税等」に振り替えます。前ページと同様の消費税額とすると、以下の仕訳になります。

（仮受消費税等）20,000 ／（仮払消費税等）10,000

（未払消費税等）10,000

▌端数処理はどうするのか

　税抜経理方式を採用した場合、期中の取引における「仮受消費税等」「仮払消費税等」には通常は端数が出ます。一方、実際に納付すべき消費税は百円未満切捨であるため、「仮受消費税等」と「仮払消費税等」の差額とは合致しません。この差額は雑収入または雑損失（不課税取引）として精算してしまい、翌期首の「仮受消費税等」「仮払消費税等」の残額はゼロになるようにします。消費税額を計算したときの税抜経理方式による会計処理は以下のようになります。

　たとえば、消費税精算処理前の「仮受消費税等」残高612,345円、「仮払消費税等」残高312,000円、納付すべき消費税額が30万円であった場合、仕訳は以下のようになります。

（仮受消費税等）612,345 ／（仮払消費税等）312,000

（未払消費税等）300,000

（雑収入）345

■ 税込経理方式と税抜経理方式 ……………………………………

税込経理方式 ➡	消費税負担額を売上や仕入の中に含める

税抜経理方式 ➡	消費税負担額を売上や仕入の中に含めずに別に処理を行う

消費税はどのように申告・納税するのか

　消費税の申告や納税方法については、確定申告と中間申告があります。以下、具体的内容について見ていきましょう。

① **確定申告**

　消費税の課税事業者になった場合は、税務署に消費税の確定申告書を提出し、申告期限までに消費税を納付しなければなりません。法人の申告期限は、課税期間終了後2か月以内です。ただし、法人税の申告期限の延長（137ページ）を行っている場合には、「消費税申告期限延長届出書」を提出することで、法人税と同様に1か月間の申告期限が延長できます。

　申告する消費税額は、課税期間中に得意先からの売上などの収入といっしょに預かった消費税の合計から、課税期間中に仕入や経費といっしょに支払った消費税の合計を差し引いて計算します。これを確定消費税額といいます。期間中に預かった税金より支払った税金の方が多い場合には、申告により差額の税金の還付を受けます。

② **中間申告**

　直前の課税期間に申告した消費税額が一定金額を超えた場合、その次の課税期間においては中間申告をしなければなりません。中間申告とは、現在の課税期間の確定消費税額を概算で見積もり、前もってその一部を申告・納付する事をいいます。

　中間申告を行う時期と回数について見ていきましょう。前課税期間の確定消費税額（地方消費税を除く）が48万円以下であれば、中間申告は不要です。前課税期間の確定消費税額が48万円超400万円以下で

あれば年1回6か月後に、400万円超4,800万円以下であれば年3回3か月ごとに、4,800万円超であれば年11回毎月、中間申告を行います。申告期限はそれぞれ6か月、3か月、1か月の「中間申告対象期間」終了後2か月以内です。

　中間申告により納付した税額は、確定申告を行う際に「すでに納付した金額」として確定消費税額から差し引きます。確定消費税額の方が少ない結果となった場合には、中間申告により払い過ぎた消費税が還付されます。なお、48万円以下であれば中間申告は不要ですが、中間申告を行い、前もって一部を納税することもできます。

中間申告における納付税額の計算方法

　中間申告における納付税額の計算方法については、①予定申告方式と②仮決算方式の2つの方法があります。これらの方法については、特に届出などの手続きを行わずに自由に選択することができます。

①　予定申告方式

　中間申告の納付税額を、前年度の「確定消費税額」を月数按分して計算する方法です。

　中間申告が年1回であれば「確定消費税額×1/2」、3回であれば「確定消費税額×1/4」、11回であれば「確定消費税額×1/12」が、それぞれ納付税額ということになります。

　実際には、税務署から送付される申告用紙と納付書にあらかじめ金額が印字されているので、計算の必要はありません。

②　仮決算方式

　中間申告対象期間ごとに決算処理を行い、中間申告の納付税額を計算する方法です。中間申告が年1回であれば6か月、3回であれば3か月、11回であれば1か月の期間をそれぞれ1つの課税期間とみなして、確定申告と同様の手順で納付税額の計算を行います。この方法は申告の回数が増えるので事務負担がかかりますが、予定申告による納

付税額の方が多く資金繰りが厳しい場合には、検討するメリットがあります。ただし、仮決算方式を選択した場合、確定申告を行うまでは消費税の還付を受けることはできません。また、提出期限を過ぎてから提出をすることは認められません。

▌罰則について

消費税の申告や納付を行わなかった場合、どうなるのでしょうか。

消費税の申告書の提出や納付の期限を過ぎてしまった、あるいは税額が過小であった場合、附帯税が課せられます。附帯税とは、消費税本体に加えて付加的に課せられるペナルティ的な性質の税です。この附帯税に対し、納めるべき消費税そのもののことを「本税」といいます。附帯税には、①無申告加算税、②過少申告加算税、③延滞税、④重加算税などがあります。なお、以下は国税に関する説明となりますが、地方消費税についても、国税と同様の罰則規定があります。

どうしても資金繰りが厳しく、期限内に一括納付ができない場合は、税務署と協議の上で分割納付にすることもできます。ただし、納期を延長すると、③延滞税の負担があるということも考慮に入れる必要があります。

① 無申告加算税

申告を行わなかったことに対する附帯税です。後日自主的に申告、納付を行った場合には本税×5％に相当する金額が課せられます。一方、税務調査等で指摘を受けて申告、納付した場合には、50万円までの部分に対しては本税×15％、50万円を超える部分に対しては本税×20％に相当する金額が課せられます（令和5年度税制改正大綱では、300万円を超える税額部分については30％とされる予定）。税額を計算した結果、5,000円未満となる場合、無申告加算税は免除されます。

② 過少申告加算税

納付税額が実際よりも過小であった場合に課されます。後日修正申

告として自主的に申告、納付した場合と、附帯税額が5,000円未満となる場合には、課税されません。上記以外の場合、期限内に申告した本税の額と50万円と比較し、どちらか多い方の金額をボーダーラインとして税率が変わります。ボーダーラインを下回る部分については10％、上回る部分については15％が課税されます。

③ 延滞税

申告期限より遅れた期間に対する利息のような性質の税金です。遅れた期間のうち、申告期限から2か月までについては本税×2.4％、2か月を超える期間については本税×8.7％が、日数に応じて課税されます。ただし合計で1,000円未満の場合は、免除されます。

なお、この税率は令和4年1月1日から12月31日までのものです。税率に変更があれば、随時国税庁ホームページで発表されます。

④ 重加算税

消費税の申告に関して、仮装、隠ぺいの事実があった場合など、悪質であると判断された場合に、過少申告加算税や無申告加算税の代わりに課税される附帯税です。

期限内申告の場合、過少申告加算税に代えて本税×35％、期限後申告の場合、無申告加算税に代えて本税×40％が課税されます。

■ 消費税の確定申告・納付 ………………………………………

{ 個人事業者 ------- 翌年の3月末日
{ 法　　　人 ------- 課税期間の末日の翌日から2か月以内

消費税の中間申告・納付

直前の確定消費税	中間申告の回数	中間納付税額
48万円以下	中間申告不要	——
48万円超400万円以下	年1回	直前の確定消費税額 × $\frac{1}{2}$
400万円超4,800万円以下	年3回	直前の確定消費税額 × $\frac{1}{4}$
4,800万円超	年11回	直前の確定消費税額 × $\frac{1}{12}$

11 税務調査について知っておこう

国民が納税義務を果たしているかどうかを国がチェックする

どのようなものなのか

　法人税のしくみ・申告と、関連するその他の税金について見てきましたが、最後に納付した税額をチェックする税務調査について見ていきましょう。税務調査とは、納税者（法人・個人など）が適正に納税しているかどうかを国が調査する制度です。

　税務調査では、自己申告された所得額に漏れや隠ぺいがないか、税額に計算ミスがないかといったことがチェックされます。調査を担当するのは、法律で権限を与えられた税務署の調査官です。調査官は対象の個人宅や法人の事務所などに事前に連絡をした上で出向き、帳簿のチェックや関係者への聞き取りなどの形で調査を行います。

　税務署の調査官が行う税務調査は、任意に行われる調査ですが、原則として拒否できないのが実情です。調査対象となった納税者には、調査官の求めに応じて真摯に協力することが求められます。

　税務調査は、正しく納税している法人や、収入額が少なく納税額がゼロになる個人などに対しても行われる可能性があります。税務署から調査を行うと連絡があれば、誰でもこれを受け入れなければなりません。

　法人税法や所得税法などの法律には、税務調査において調査官の質問に答えなかったり、ウソの返答をしたような場合には、罰金などの処罰が科せられるという規定も置かれています。

税務調査は任意調査が通常である

　税務調査には、大別して「任意調査」と「強制調査」があります。

通常、税務調査といえば任意調査を意味します。任意調査には、強制力はありませんが、納税義務者は質問に答える義務があります。一方、強制調査とは悪質な脱税犯に対して行われる一種の犯罪調査です。告発（第三者が捜査機関に対して犯罪事実を申告し、その捜査と訴追を求めること）を目的として捜索、差押などをすることができ、一般に査察と呼ばれています。調査官の具体的な狙いどころは以下の①～⑤のようになっています。

① 収益計上の除外

　一部の得意先の売上を隠したり、売上品目の一部を隠したりしていないか。

② 費用の過大計上

　経費の水増しなどをしていないか。

③ 資産の計上除外

　現金や銀行預金などの資産の一部を簿外としていないか。

④ 架空取引の計上

　取引事実が存在しないのに、これをでっち上げて、あたかも取引事実があったように会計処理をしていないか。

⑤ 期間損益の操作

　当期（計算期間における対象事業年度のこと）にまだ消費してない部分を当期の費用に計上していないか。

　調査の結果、これらの行為が悪意をもって意図的に所得減らしの目的で行われたと税務当局に判断されたときは、重加算税というペナルティの要素をもつ税金が課されます。

　また、悪意がなくても、納税者が考える所得計算と税務当局が判断する所得計算に相違があった場合は、過少申告加算税という税金が課されます。こうした見解の相違を生じさせることのないよう、全国の国税局や税務署で、事前に確認ができるようになっています。一方、税務署の処分に不服がある場合には、不服申立ての制度もあります。

準備調査と実地調査

調査目的と調査場所などから準備調査と実地調査に区分されます。

① 準備調査

主に税務署内で行う調査です。

② 実地調査

実際に調査先に出向いて帳簿書類その他の物件を検査することです。一般に税務調査といえば、この実地調査を意味します。具体的には、次のようなことが行われます。

・一般調査

対象者が提出した申告書の内容が正しいかどうかを、帳簿や伝票などの資料をもとに確認していく手法です。

・現況調査

現金取引が主であるなど税務署が必要と判断した場合には抜き打ちで調査が行われることがあります。

・反面調査

調査対象者の取引先などに対し、取引の実態調査を行う手法です。

この他、特別調査、特殊調査などの調査があります。

調査対象の法人のランク分け

税務署では、管轄内に多数ある法人を、効率よく調査するために、次の3つのランクに分けています。

① 申告や納税の状況が長年にわたって優良な法人

② 過去に滞納や申告の誤りがあった、不正に加担したなど注意を要する法人

③ ①②のいずれにも該当しない法人調査の際には、②に該当する法人に重点が置かれることになります。

12

税務調査の時期・調査内容について知っておこう

細かい証憑もおろそかにしてはいけない

スケジュールについて

　企業に対する税務調査は、1年の中でも9月から11月頃の時期が最も多くなっています。これには、税務署の事務年度が7月から翌6月末であることや、人事異動の時期が7月であること、3月決算期の企業が多いことなどが関係していると言われています。調査対象になると、税務署などから事前に調査日時や場所などについての連絡が入ります。このとき、特別の事情があって受入れが難しい場合は、日程調整について相談することもできます。

　税務調査にかかる日数は、会社の規模や担当調査官の人数などによってまちまちですが、概ね2日から1週間程度ということが多いようです。

　ただし、場合によっては連絡なしに突然調査官がやってくることもあります。これを現況調査といいます。現況調査は、飲食店など現金商売をしている企業や、情報提供によって脱税の疑いが濃いと見られる企業などを対象に行われるもので、事前に連絡をすると証拠を隠される可能性があることなどからこのような手法がとられています。現況調査は、建前上は任意とされていますが、拒否することにより脱税の疑いが深くなることなどを考えると、受け入れざるを得ないというのが現実でしょう。

何を調べるのか

　税金には、法人税、消費税、所得税、相続税、贈与税などがあります。複数の税目にわたって調査ができる総合調査を担当する調査官も

いますが、今では一般的な調査官も複数税目にわたって調査を行います。調査対象になる書類には図（次ページ）のものがあります。

　何年たっても調査され、更正（申告された所得額や税額を税務署が変更すること）や決定（税務申告すべきところ、していなかった者に対し、税額などを決めること）をされるとなると、企業側はいつまでも関係資料を保存しなければなりません。このため、更正や決定ができる期間に上限（除斥期間）を設け、税務調査も除斥期間を超えて遡ることはしないことになっています。更正・決定の除斥期間は、原則として5年です。ただし、不正等が認められる場合は7年まで遡ることができるとされています。

┃ どのような会社が対象になるのか

　税務調査は事業の規模や税額などに関係なく、どこの企業でも行われる可能性はあります。ただ、税務署は、限られた人員で効率よく調査をするため、選定基準を設けて特に不備や不正が見つかる可能性の高い企業を中心に調査しています。選定にあたっては、まず好況の業種や、過去脱税の多かった問題業種などに重点が置かれます。

　調査対象になりやすいのは、次のような業種です。

①　現金取引の業種……飲食業、酒屋、理髪、理容業などの小売業など
②　過去に不正の傾向が比較的多い業種……パチンコ業、風俗業、貸金業、廃棄物処理業、土木工事業、不動産業など
③　好況の業種……ＩＴ関連企業や家電業、自動車販売業など（地域や調査の時期などによっても異なる）

　企業の選定のための材料とされるのが、確定申告時に提出される申告書や決算書、事業概況説明書などです。これらの書類から得られる情報から、一定の条件に該当する企業を抽出します。

　この段階で抽出された企業には、調査官が現地に出向いて外観や隣近所への聞き込みなどをする外観調査、新聞記事やインターネットな

どによる情報収集、申告書以外に税務署に提出される法定調書への調査といったことが行われ、最終的な選定がなされることになります。このような選定段階を経て、調査の対象となるのは全体の5％程度と言われています。

税務調査されやすい会社とは

確定申告の申告書の中には、「問題あり」と判断されるものとそうでないものがあります。問題ありとされるポイントとしては、次のようなことが挙げられます。

① 売上や人件費などが前年度に比べて大幅に変動した
② 売上は上がっているのに、利益が少ない
③ 口座情報や従業員数など必要事項に漏れや誤りがある

①②に該当する場合でも、その理由が詳細に説明されており、それが税務署側の納得できる内容であった場合には対象となりません。「よけいなことを書くと、痛くない腹を探られるのではないか」と思うかもしれませんが、税務署も「利益を隠匿しているわけではない」とわかれば調査をせずにすみますから、詳細な資料を添付し、できるだけ事前に具体的に説明する方がよいでしょう。

■ 調査の対象になる書類 ⋯⋯⋯⋯⋯⋯⋯⋯⋯⋯⋯⋯⋯⋯⋯⋯

帳簿関係	総勘定元帳や現金出納帳、売上帳、仕入帳、売掛帳、買掛帳、賃金台帳、小切手帳、手形帳、出退勤記録簿、決算書など
証憑関係	請求書や領収書※、見積書、注文書、納品書、タイムカードなど
文書関係	議事録や契約書、同族関係取引の契約書、稟議書など
その他	預金通帳やパソコンなど

※正式な領収書を発行することができない場合、もしくは支払われた金額が全額の一部であった場合などに、仮に領収したことを証明するものを仮領収書という。しかし、後のトラブルの可能性や税務調査対策を考慮すると、仮領収書の多用は好ましくない。

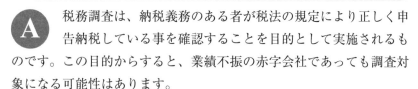

Q 赤字会社は調査されないのでしょうか。

 税務調査は、納税義務のある者が税法の規定により正しく申告納税している事を確認することを目的として実施されるものです。この目的からすると、業績不振の赤字会社であっても調査対象になる可能性はあります。

　しかし、現実には税務当局も時間的、費用的制約から「効率のよい調査を実施して、少しでも多くの税金を徴収したい」と言うのが本音でしょう。赤字の会社では、多少の修正項目を見つけることができたとしても、申告当初に見込まれるマイナスの課税所得をプラスに転じることは必ずしも容易ではありません。ですから合併や清算など、特別な事情でもない限り、調査対象には選択されにくいでしょう。ただし、消費税に関しては、赤字、黒字に関係なく調査対象になり得ます。消費税は、決算内容とは無関係に納税義務が生じる性質の税金であるためです。

　ここ数年は申告された企業全体に占める赤字企業の割合が7割を超えているようです。しかし、中には黒字が出ていてもおかしくない業績好調に思える企業であるにもかかわらず、決算を赤字にして脱税をする悪質な企業の存在も予想されます。そのため申告された決算内容に問題ありと判断されれば、調査する意義は大いにあります。

　飲食業やパチンコ業、廃棄物処理業、土木建築業など、過去に不正発見割合の高い業種や、IT企業など、業界全体が好況にある場合には、特に調査対象に選択されやすいといえます。当初赤字決算だったものが、調査の結果、実は黒字だったと言うこともあるからです。架空経費の計上や売上高を一部除外する手口で、意図的に赤字決算を組んで脱税を図ったことが調査で判明すれば、追徴課税はもちろんの事、法人税法違反で書類送検され、刑事罰の対象となる事さえあります。そういった意味では、赤字会社の調査も重要だといえます。

13

事前準備や調査官のチェック内容について知っておこう

事前準備を怠らないこと

原則として連絡がくる

通常、税務調査は隠ぺいや偽装工作など、「調査の妨げ」が予想される場合を除いて、原則として税務署から調査の日程について事前の連絡があります。これは日程調整のための連絡であるので、都合が悪い時には変更が可能です。

税務調査の日程が決まったら、経営者や経理担当者のデスクまわり、金庫やロッカーなどを中心に、問題になりそうなものがそのまま残っていないかよく確認しておくようにしましょう。

税務調査では一般的に過去3期にまで遡って調査をすることが多いので、その期間内の伝票、請求書や領収書を整理し、契約書や稟議書を含む証憑類や給与台帳や源泉徴収簿をそろえ、帳簿類をきちんと整理した上で、時間が許す限り未処理のものがないか確認しましょう。

整理した伝票や資料は調査作業をしてもらう一室に事前に用意しておき、資料を探すためにあちこちよけいな資料や場所を見られないようにします。調査の中で一番厳しい目を向けられるのは人件費ですので、給与台帳や一人別徴収簿は事前につじつまが合うことを確認しておくことが必要です。また、過去の伝票や帳簿全般において、「調査中」や「確認中」などといった書き込みやメモまたは付箋などがそのまま残っていないか確認しておきましょう。また資料などを準備した上で、税理士と十分相談しておきましょう。

帳簿などを紛失したら

日頃から正しく帳簿をつけて、必要な資料も7年間または10年間

（欠損金がある場合）は保管しておくことが求められますが、やむを得ず紛失してしまった場合は、申告の元になった資料を使って説明する他に方法はありません。紛失した領収書などが少額である場合は注意程度ですむことがありますが、特に金額が大きいものはなるべく再発行してもらう必要があります。帳簿類や資料が一切残っていなかった場合は、調査対象となる事業者の取引先に取引状況を確認したり、同業者の所得を調査して、おおよその所得を推計して課税しようとする推計課税という課税方法が採られます。

　いずれにしても、調査の対象となる帳簿類を紛失してしまった場合には、税務調査の前に調査官に連絡しておいた方がよいでしょう。

最低限そろえておきたい書類とは

　調査の対象になる主な書類は233ページに掲載した図のとおりです。

　人件費関係の書類として、社会保険関係の書類、役員報酬改定の議事録も用意しておきましょう。売掛帳や買掛帳は３期分用意し、経営者個人の預金通帳と金融機関発行の取引通知書も準備しておきます。

　帳簿や資料については、調査をする場所に用意しておきます。資料の管理がきちんとできており、かつ現金の日次在り高と出納帳の日次残高とが一致していれば、調査官の心証もよくなりますし、調査も円滑に運ぶので結果として調査の早期終了につながります。

調査前日までの確認事項

　以前にも税務調査を受けたことがある場合は、前回の調査で指摘された事柄や改善を促されたものが、現在は適切に処理されているのか確認します。以前の調査で指摘された事項や、改善することを前提に追徴されなかったものは、二度目の調査では重視して調べられますので、税法上認められずに追徴とならないように、確実に改善の跡が見えるようにする必要があります。

調査官も人間ですから、「よい心証を得る」というのが大事なことだと理解しておいてください。

調査当日に準備しておくこと

調査官の心証をよくするために、当日にも行うべき手続きを1つ示しておきましょう。

会社の始業後一番で、現金出納帳の当日初の現金在り高と現金勘定元帳の当日初残高、及び今現在の会社金庫内の現金実在金額を合わせておきましょう。業務の都合で当日始業直後にも現金の払出しが必要な経費の支払いがある時は、当日初め（＝前日末締後）の現金出納帳の有り高を基準に当日の出金記録を調整しておき、いつ現金実査する事を求められても実査の結果が、現金出納帳のあるべき現金在り高と一致するようにしておきます。この手続きを現金実査といいます。現金実査の手続きが有効であるためには、日々の現金の受払記録が正しくタイムリーに行われている必要があります。そうしないと現金実在金額を、現金出納帳は反映していると判断できないことになり、会計帳簿の信頼性に対する調査官の心証を害する一因となりかねません。

基本的な対策ができているかの確認

調査官は具体的に「ここを調べますから」などと事前に教えてはくれません。しかし、調査に入るという連絡を受けたときこそ、それを把握できるチャンスなのです。税務調査はあくまで納税者の協力のもとに初めて成り立つのですから、当局も事前の確認に対して正直に答える義務があります。実際の確認項目は、①調査の種類、②調査官の人数と全員の名前、③日程です。調査官の名前がわかれば、調査官の経歴や調査官ごとの得手不得手がわかり、チェック内容も見当がつきやすくなります。

これらの情報はすぐに税理士に連絡します。税理士は自分の経験か

らどのようなチェックを受けるかを推測します。その上で、調査日程から逆算してどのような事前の対策ができるかを確認します。書類は、最低、契約書、稟議書、取締役会の議決書の意思決定３点セットをまとめておきましょう。金庫をはじめ、会社の重要な物品はすべて整理し、できる限り人の目に触れるところに置かないようにします。以上のことは、調査の連絡が入った時点ですぐに対応すべき事項です。

調査にくる人数

　事業者の規模によっては国税局が税務署に代わって調査を担当します。国税局の調査の範囲は各国税局により異なります。税務調査の対象が資本金１億円以上で従業員が100名を超える規模の企業の場合は国税局が調査官４～５名で、それより大きな企業の場合は10数名で調査をすることもあります。従業員が数名程度の事業者の場合には、税務署の調査官が１～２名で、従業員が10名を超える事業者の場合は、税務署の特別調査官の役職に就く署員が１～２名の部下と共に調査を担当します。

何の調査なのかを確認する

　税務調査の理由を挙げると、ⓐ申告された所得額や税額を修正したり、申告がない場合の課税処分を行うための調査、ⓑ滞納している税金を徴収するための調査、ⓒ国税犯則取締法による犯則事件の調査準備のように目的別に分けられます。

　税務調査が行われることになった場合には、調査が合理的な必要性のもとに行われるものなのかを確認します。税務調査が抜き打ちで行われる場合は、事前の予告も日程の調整もありません。訪れた調査官が間違いなく税務署員であるということを確認するために、身分証明書の提示を求める必要があります。万が一提示がない場合には、それを理由に調査を断ることができます。

14

調査方法について知っておこう

あくまで任意の調査だが金融機関や取引先に及ぶこともある

どんな調査方法があるのか

　法人税も消費税も会社で継続記帳される会計帳簿が大元の算定資料ですから、正しい税務申告を担保するために行われる税務調査も会計帳簿の正しさ（適正性）の検討が調査の中心になります。主な検討手続としては、以下の項目があります。これらは、決算書の主な勘定科目について適用実施されます。

① 突合……「突き合わせること」をいいます。具体的には、以下のものを挙げることができます。

・会社自身が作成した内部資料間の突合

・内部資料と会社外部の取引相手が作成した外部資料との突合

・会社内部資料と調査官自身が作成した調書との突合

② 実査……調査官自身が資産の一定時点の実在数を数え、これを会社作成の在庫明細などと照合することです。

③ 立会……資産の一定時点の実在数を把握する作業の信頼度を評価するため、会社自らが行う検数、検量作業を調査官がその場に赴いて監視することです。商品などの在庫の棚卸の立会などがあります。

④ 分析……得られる財務数値を駆使して財政状態、経営成績を把握することです。売上高や仕入高、経費、売掛債権、買掛債務等、主な勘定科目の月次年次残高推移分析や回転期間分析、キャッシュ・フロー分析などがあります。

⑤ 質問……調査対象の企業の全社員に対して個別に疑問点、不明点を問い、事実を確認することです。調査上の証拠とするため、質問に答える形で文書に署名を求められる事があります。

⑥　反面調査……調査対象の企業の取引先に実地調査をかけるなり、問い合わせをして取引事実の詳細を確認、把握することです。

調査はあくまで任意

　税務調査は任意の調査ですから、調査される事業者の同意がなければ無断で机の中を調べたり、事務所内で資料を探したりできず、これらを拒否することも可能です。ただし、何かを隠していると疑われないようにするために、調査には協力する姿勢であること、その場所には調査に必要な書類や資料がないこと、私物が入っていることなどをはっきり告げるようにしましょう。

金融機関や取引先への調査

　調査されている事業者の帳簿や資料がそろっておらず十分な調査ができない場合や明らかに不審な点がある場合には、取引先や金融機関などで取引の実態などを調査する反面調査が行われます。

　反面調査は取引先において詳しい調査をするために、相手に対する信用を失ったり迷惑をかけることによって取引に悪影響を及ぼすこともあります。そのため、合理的な理由がある場合を除いては反面調査は行われないものとされています。

　しかし、税務調査の前に反面調査を行ったり、調査対象の事業者を十分調査する前に得意先を調べるケースも少なからずあります。

事務所内はいろいろチェックされる

　税務調査で調査されることがわかっている帳簿や資料は必要なときにはすぐに提示できるよう、調査をする場所に用意しておきましょう。

　提示を求められてから別の部屋に資料を取りに行くようなことがないようにします。調査官について来られてしまうと見せる必要のないところまで見られてしまうことになるからです。

15

調査の実施について知っておこう

３日程度はかかる可能性がある

初日の予定メニュー

　税務調査は、たいてい２日から３日かかります。

　調査官が会社に到着するのは午前10時頃で、まずは会社の概要についての聞き取りが行われます。金庫などを確認する場合はこの時に行われることが多いようです。午後１時になれば帳簿類の調査が始まります。調査官は午前中の聞き取り調査ですでに調査のポイントを絞っていると考えた方がよいでしょう。この日の調査が終了すると、その日の調査内容に関する疑問点を質問されるかもしれません。

２日目の予定メニュー

　調査の２日目には前日の調査で疑問に思ったことなどを質問される事になります。また、調査官の時間は限られているため、２日目には調査する範囲をずっと狭め、その範囲についての帳簿調査で午前中が終わります。特に指摘事項が見つからない時には、午後からの時間帯は交際費などから申告漏れを見つけようとします。

　間違いや疑問点があればこの日に指摘されることになります。

最終日の予定メニュー

　調査最終日の午前中は他の調査日と変わりがありません。調査官が最終日までにある程度指摘事項を用意できている場合は、経営者は経理担当責任者と共に指導事項の内容について説明を受けます。最終日に指摘された内容に対して反論がある場合は、資料などを万全にして後日説明することもできます。

問題点が指摘された場合の対処法

　もし、問題点を指摘された場合でも、税務署との間に見解の相違があるのであれば、まずは交渉して互いに歩み寄ることをめざしましょう。指摘があった事柄については、まずその指摘を受け入れるのか、反論するのか対応を決め、税務署による更正や決定の前に解決してしまいましょう。その時、どのように対応すれば会社にとって利益があるのかを検討し、対応するようにします。配偶者や家族への報酬などに対する指摘を一度認めてしまえば次年度以降も続いてしまいます。

前回調査との関係

　以前の調査では指摘されなかったことが、その後の調査では事業者の主張が認められず指摘されることがあります。その際、以前の税務調査での調査官の対応を前例として説明することは可能です。税務調査を受けた際には、年月の他に調査官の名前やその時の指導事項とその後の対応など詳しい記録を残しておくとよいでしょう。

調査結果

　調査を行った結果、更正等がない場合には、税務署より「更正決定等をすべきと認められない旨の通知書」という書面が出されます。

　修正事項がある場合は、更正と修正申告の間で、最終決定が遅れる場合もあります。

　更正とは税務署主導で申告などを修正するものですが、調査官は納税者自ら修正申告する形を望んでいます。調査官の指導事項に対して事業者から反論が出された場合は、手続きが進まなくなる可能性があるため、更正という手段があることを前提に税務署が修正申告を勧めることもあります。

16 修正申告について知っておこう

調査結果の対応方法には修正申告と更正処分がある

修正申告とは

修正申告とは、すでに行った申告について税額が少なかった場合などに行うもので、納税者が自ら手続きを行います。税務調査によって誤りを指摘されて提出する他、自分で誤りを見つけて提出することもあります。修正申告は税務署等から更正処分を受けるまではいつでも行うことができますが、国税庁などでは誤りに気づいた時点でできるだけ早く手続きをするように求めています。

税務調査によって修正申告する場合、過少申告加算税という附帯税が課せられる可能性がありますが、自ら修正申告した場合はこれが免除されることになっています。

修正申告は、管轄の税務署に修正申告書を提出することによって行います。申告誤りのあった箇所についてのみ記載すればよいのですが、年度を遡って修正する場合、所得額や税額に変更が生じますので、各年度ごとに書類を作成することになります。

なお、修正申告をした場合、申告書を提出した日が納期限になります。未納税額に対しては、その日までの延滞税が発生することになりますので、修正申告すると決めた場合にはできるだけ早く申告書を提出し、納税するのがよいでしょう。

修正と更正はどう違う

更正とは、提出された納税申告書に記載された課税標準または税額等の計算が税法の規定に従っていなかったときや、調査したものと異なるときに、税務署長がその調査に基づき、申告書に関わる課税標準

または税額等を修正することをいいます。つまり、税務当局側が行う処分です。税額等を修正するという点では修正申告と同じです。しかし、後で修正内容や税額について不満が生じたときに、修正申告は不服を申し立てることができませんが、更正処分は不服申立てができるという違いがあります。これは、修正申告が納税者自ら行う手続きであるのに対し、更正処分は税務署が強制的に行う処分だからです。

　税務調査によって指摘事項が示されたときに、修正申告を行うか、拒否して更正処分を受けるかは、納税者が決めることができます。しかし調査官の多くは修正申告をするよう強く勧めます。修正申告を拒否すると、いろいろと譲歩して納税額を減らしてでも修正申告させようとするほどです。このように、税務当局が修正申告にこだわる理由としては、次のようなことが挙げられます。

①　修正申告を提出してしまえば、その後は税務当局に「再調査の請求」や国税不服審判所に「審査請求」をすることができなくなる

②　修正申告でなく更正とすると、更正した理由を附記して納税者に通知しなければならないなど手間がかかる

③　更正処分後、不服申立てをされると、担当調査官の説明不足などが指摘され、担当官の評価に関わる

　このような事情から、税務当局が更正処分をする年間件数は修正申告に比べて多くはありません。

　なお、修正申告を拒否して更正処分を受け、さらに不服申立てをする場合、訴訟に発展することもあり得ます。時間も経費もかかりますが、どうしても指摘事項等に納得がいかない場合はとことん争うのも１つの手段でしょう。ただしこの場合は、更正処分による追徴税額をいったん支払っておきましょう。追徴税額を支払うことで、延滞税がむやみに発生するのをストップでき、仮に敗訴した場合によけいな税負担を回避できるからです。もちろん追徴税額を支払っても不服申立てはできます。

更正の請求とは

　更正の請求とは、法人が申告書に記載した課税標準等または税額等の計算が、ⓐ国税に関する法律の規定に従っていなかったこと、ⓑその計算に誤りがあったことにより、納付すべき税額等が過大であるなどの場合に、税務署長に対して税金を減額するように請求することをいいます。更正の請求を行うことができるのは、原則として法定申告期限から5年間です。ただし、納税者が偽りや不正などにより税金を少なく申告したり、還付を受けたような場合には、税務署長は法定申告期限から7年間、更正または決定の処分を行うことができます。

　更正の請求ができるのは、上記ⓐまたはⓑの理由に基づく場合に限られます。一般的に更正の請求の対象となる事項及び対象とならない事項のうち主なものは次のとおりです。

① 更正の対象となる事項
　ⓐ　確定したはずの前期の決算内容に売上の過大計上があった場合
　ⓑ　確定したはずの前期の決算内容に費用の計上不足があった場合
　ⓒ　税額の計算を誤ったことなど

■ 税務調査の実施と申告是認・修正申告・更正 ·····················

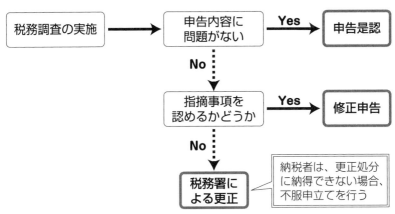

② 更正の請求の対象とならない事項

　損金経理をすることを要件として損金算入が認められる事項について、損金経理を行わなかったこと（例 減価償却資産の償却、貸倒引当金繰入額、有価証券評価損）

　たとえば、売上の二重計上により前期の売上が過大となっていた場合には、存在しない売上を計上したのですから（①ⓐに該当）更正の請求の対象になります。一方で、季節商品の売れ残り品について評価損を計上しなかった場合は、評価損の計上は損金経理（確定した決算について費用または損失として経理処理すること）が要件とされています（②に該当）ので、更正の請求対象にはなりません。

追徴とは

　追徴とは、確定申告の際に届け出た税額と、修正申告や更正処分によって算出された税額の差額分を徴収することです。場合によってはこの差額に加え、過少申告加算税や無申告加算税、延滞税など附帯税（法人税や所得税などの国税本税に付帯して課せられる税）が課せられることもあります。

　追徴される税金は、本来すでに支払っていなければならないはずの税金です。このため、通常の法人税などのように数か月先に納付期限があるわけではなく、すぐに納付しなければなりません。しかも、原則として現金で一括納付するよう請求されますので、納税義務者の負担はかなり重いということになります。中には一度に払うのが困難な納税義務者もいるでしょう。場合によっては分割での納付の相談に応じてもらえることもありますが、分割での納付が認められるのはあくまでも特例です。たとえ認められたとしても、長くても１年以内に納付することになります。しかもその間、延滞税の加算は続きますから、かえって負担が重くなる場合もあります。分割による納付を利用するかどうか、その期間や額をいくらにするかといったことについては、

シミュレーションを行うなどして慎重に検討するべきでしょう。

ペナルティとしての加算税制度

　加算税は、税務処理に何らかの不備があった場合にペナルティとして課せられる税金です。申告納税制度を維持するため、制裁的な位置付けとして加算税制度が設けられています。加算税には、過少申告加算税・無申告加算税・重加算税・不納付加算税の4種類があります。ぞれぞれの課税対象及び税率は下図のとおりです。これらの加算税は、通常の納めるべき税金に追加して納付しなければならないものです。

　過少申告加算税は、納めるべき金額が申告書に記載された金額よりも少なかった場合に課される税金です。しかし、納税者自らがこの誤りを発見し、修正申告した場合には過少申告加算税は課されません。

　隠ぺいや仮装があった場合に課される重加算税は、加算税の中でも特に税率が大きくなっています。重加算税を課せられた時、それも複数年にわたったときには、法人にとっても大きなダメージになります。

■ 加算税の種類 ··

| 過少申告加算税 | ➡ | 申告書に記載した金額が少なかった場合
（10%または15%の税率で課税）※ |

| 無申告加算税 | ➡ | 正当な理由なく期限内に申告しなかった場合
（15%または20%または5%の税率で課税） |

| 不納付加算税 | ➡ | 源泉徴収税額を正当な理由なく納付期限内に納付
しなかった場合（10%または5%の税率で課税） |

| 重加算税 | ➡ | 課税標準または税額等の計算の基礎となる事実の
全部または一部を隠ぺいし、または仮装した場合
（35%または40%の税率で課税） |

※ 令和5年度税制改正大綱では、300万円を超える税額部分については税率を30%とされる予定

【監修者紹介】
武田　守（たけだ　まもる）

1974年生まれ。東京都出身。公認会計士・税理士。慶應義塾大学卒業後、中央青山監査法人、太陽有限責任監査法人、東証1部上場会社勤務等を経て、現在は武田公認会計士・税理士事務所代表。監査法人では金融商品取引法監査、会社法監査の他、株式上場準備会社向けのIPOコンサルティング業務、上場会社等では税金計算・申告実務に従事。会社の決算業務の流れを、監査などの会社外部の視点と、会社組織としての会社内部の視点という2つの側面から経験しているため、財務会計や税務に関する専門的なアドバイスだけでなく、これらを取り巻く決算体制の構築や経営管理のための実務に有用なサービスを提供している。
著作として『株式上場準備の実務』（中央経済社、共著）、『入門図解 会社の税金【法人税・消費税】しくみと手続き』『不動産税金【売買・賃貸・相続】の知識』『入門図解 消費税のしくみと申告書の書き方』『入門図解 会社の終わらせ方・譲り方【解散清算・事業承継・M＆A】の法律と手続き実践マニュアル』『図解で早わかり 会計の基本と実務』『個人開業・青色申告の基本と手続き 実践マニュアル』『図解で早わかり 会社の税金』『暮らしの税金 しくみと手続き』『事業再編・M＆A【合併・会社分割・事業譲渡】の法律と手続き』『すぐに役立つ 相続登記・相続税・事業承継の法律と書式』『身内が亡くなったときの届出と法律手続き』『すぐに役立つ 空き家をめぐる法律と税金』『図解で早わかり 税金の基本と実務』『入門図解 電子帳簿保存法対応 経理の基本と実務マニュアル』（小社刊）がある。

すぐに役立つ　入門図解
最新　法人税のしくみと法人税申告書の書き方

2023年2月28日　第1刷発行

監修者	武田守
発行者	前田俊秀
発行所	株式会社三修社
	〒150-0001　東京都渋谷区神宮前2-2-22
	TEL　03-3405-4511　FAX　03-3405-4522
	振替　00190-9-72758
	https://www.sanshusha.co.jp
	編集担当　北村英治
印刷所	萩原印刷株式会社
製本所	牧製本印刷株式会社

©2023 M. Takeda Printed in Japan
ISBN978-4-384-04910-7 C2032